《九溪村志》整理本

宋修文　编纂

“《九溪村志》整理本”课题组　整理

湘潭大学出版社
XIANGTAN UNIVERSITY PRESS

本书为贵州省高校乡村振兴研究中心成果，受到贵州乡村振兴2011协同创新中心、贵州省高校人文社会科学重点研究基地、贵州省哲学社会科学创新团队建设计划、贵州省人文社科示范基地等相关项目经费资助。

“《九溪村志》整理本”课题组名单

课 题 组 组 长：张定贵

课题组副组长：宋兴平

课 题 组 成 员：柴其斌　张厚林　陈文杰　洪惊涛　张立新

吕燕平　胡一平　朱发猛　李择红

图 片 提 供：李立洪　张　韬　张　荣

文 字 录 入：王敏茶

张定贵，男，安顺学院教师，民族学教授（三级），长期从事屯堡汉人社会研究，主持完成国家社科基金课题“屯堡仪式社会研究”，荣获贵州省第十四次哲学社会科学优秀成果一等奖；主持完成国家社科基金重点项目“中国百村经济社会调查·号营村”分课题研究，出版《屯堡村社教育》(合著)；主持完成贵州省哲学社会科学规划课题并出版《屯堡地戏与屯堡族群社会》(独著)；发表学术论文数十篇。贵州省哲学社会科学“学术先锋”，安顺学院屯堡文化传播转化研究省创新团队带头人，兼任中国明史学会屯堡分会副会长、中国社会学会社会建设专业委员会理事、贵州省屯堡研究会副会长兼秘书长、安顺市屯堡文化学会副会长、安顺市民间文艺家协会主席。

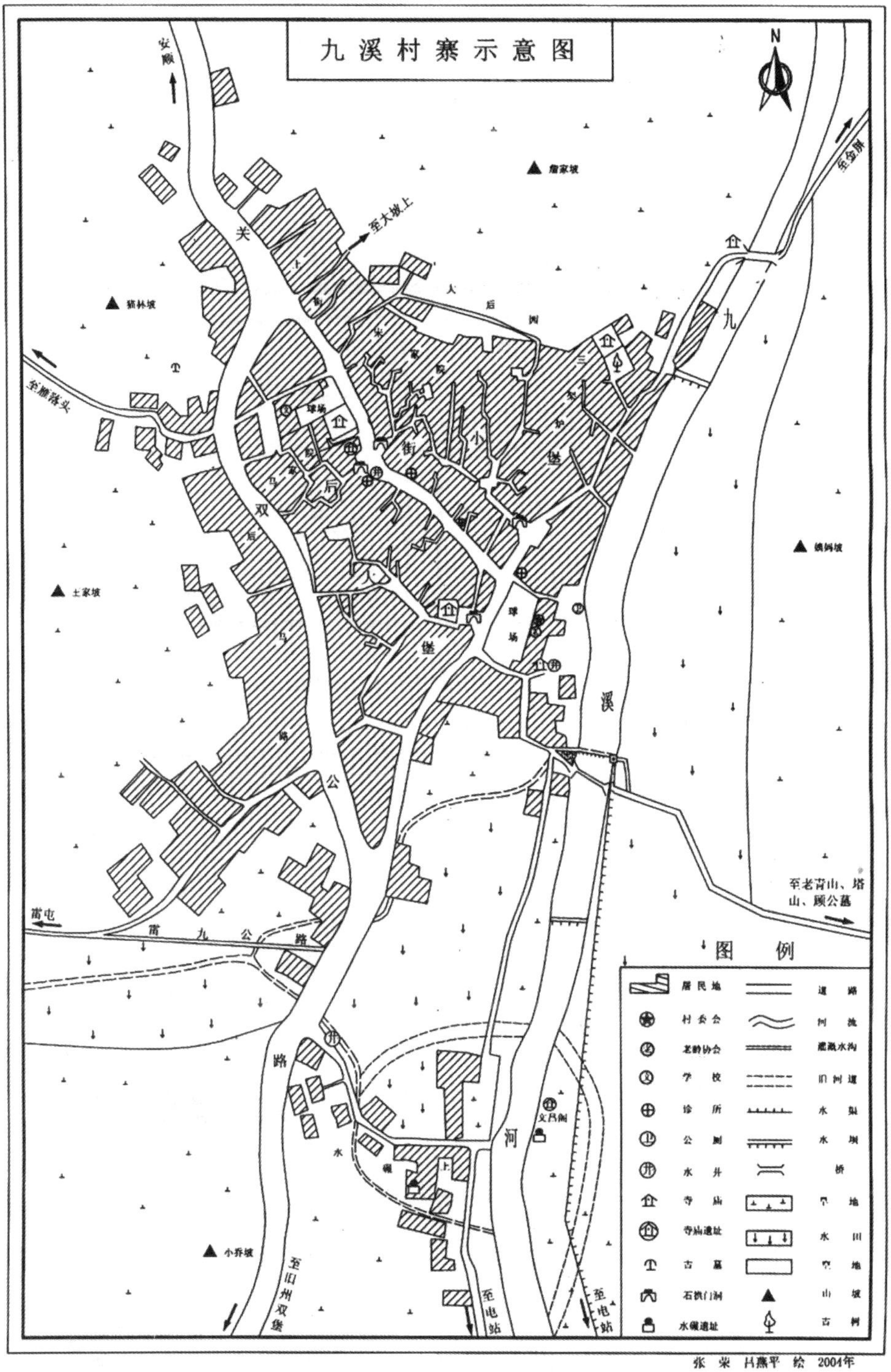

张 荣 吕燕平 绘 2004年

九溪村寨示意图 张 荣 吕燕平 绘

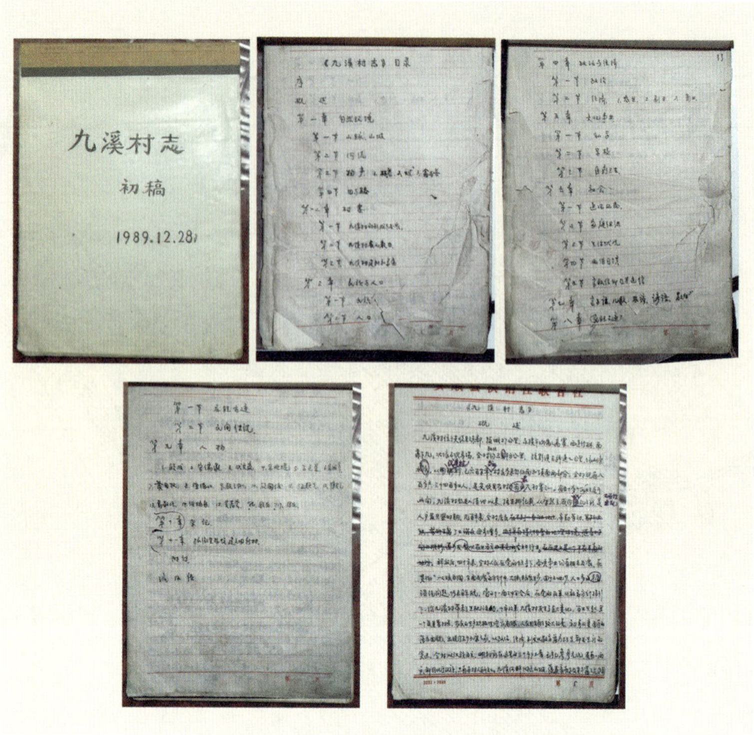

《九溪村志》初稿手稿（1989年）

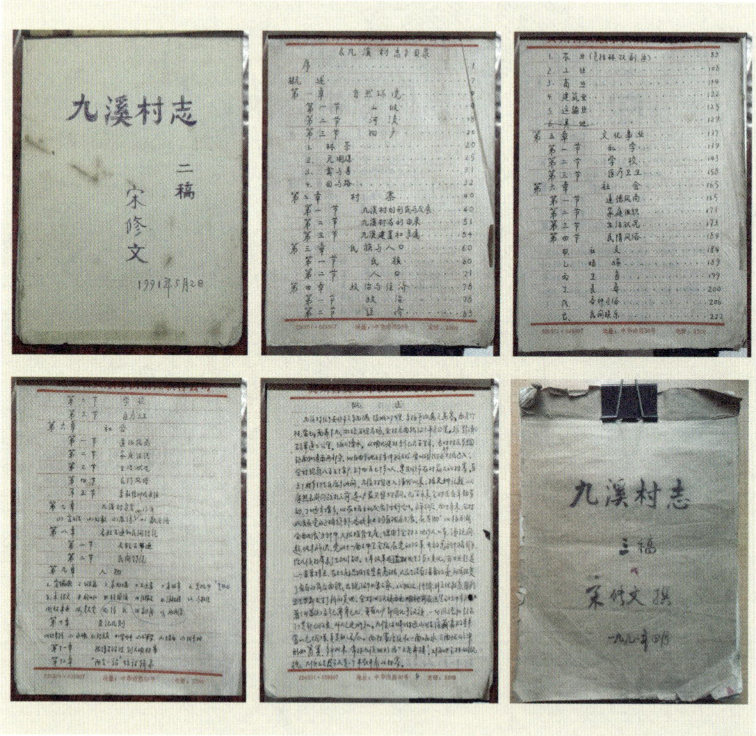

《九溪村志》二稿手稿（1991年）及三稿手稿（1992年）

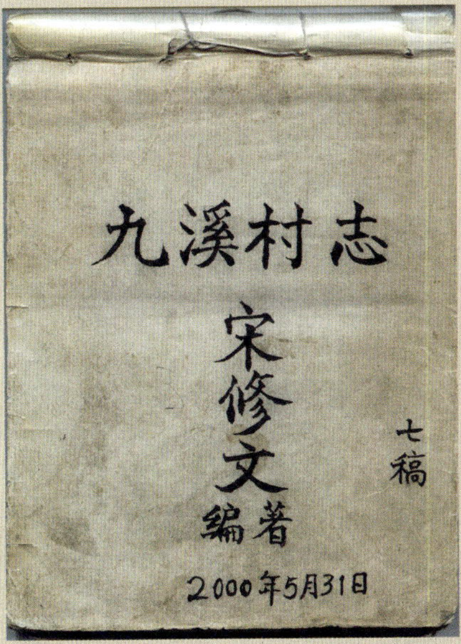

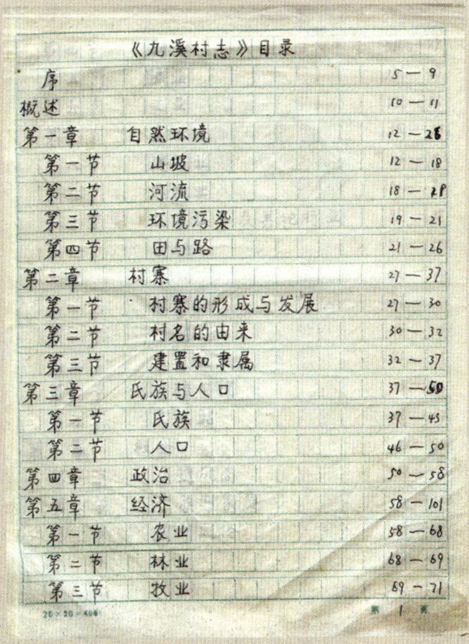

《九溪村志》目录

20×20=400　第 1 页

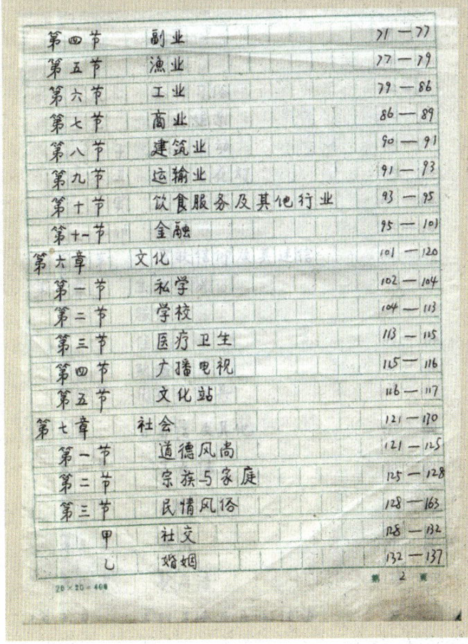

20×20=400　第 2 页

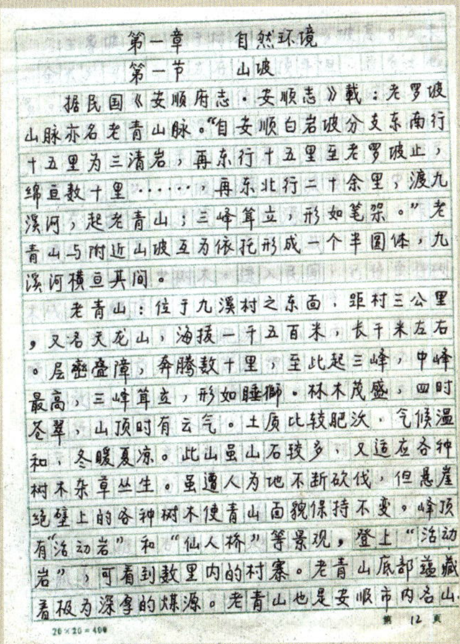

第一章　自然环境

第一节　山坡

据民国《安顺府志·安顺志》载：老罗坡山脉亦名老青山脉。"自安顺白岩坡分支东南行十五里为三清岩，再东行十五里至老罗坡止，绵亘数十里……，再东北行二十余里，渡九溪河，起老青山；三峰耸立，形如笔架。"老青山与附近山坡互为依托形成一个半圆体，九溪河横亘其间。

老青山：位于九溪村之东面，距村三公里，又名天龙山，海拔一千五百米，长千米左右。层峦叠障，奔腾数十里，至此起三峰，中峰最高，三峰耸立，形如睡狮。林木茂盛，四时苍翠，山顶时有云气。土质比较肥沃，气候温和，冬暖夏凉。此山虽山石较多，又适在各种树木杂草丛生。虽遭人为地不断砍伐，但悬崖绝壁上的各种树木使青山面貌保持不变。峰顶有"活动岩"和"仙人桥"等景观，登上"活动岩"，可看到数里内的村寨。老青山底部蕴藏着极为深厚的煤源。老青山也是安顺市内名山.

20×20=400　第 12 页

《九溪村志》七稿手稿（2000年）

九溪村全景 张 韬 摄

九溪村河湾航拍　张　韬　摄

九溪村外景　张 荣 摄

九溪村一隅　张 荣 摄

九溪村迎春会 李立洪 摄

九溪村雪景 李立洪 摄

九溪村宋家院门洞 宋兴平 摄

九溪村原大堡门洞 宋兴平 摄

九溪村原小堡门洞 佚名 摄

九溪村六百年老井 李立洪 摄

九溪村戏台 宋兴平 摄

九溪村民居小院照壁　李立洪　摄

古银杏树下做佛会　李立洪　摄

打辫砣　李立洪　摄

大年初九九溪村抬汪公　李立洪　摄

九溪村蟠桃会　李立洪　摄

九溪村河灯节　李立洪　摄

屯堡妇女服饰　李立洪 摄

屯堡小孃孃服饰　李立洪 摄

九溪村老照片（中为少年时的宋修文，摄于二十世纪三十年代末）　佚名 摄

时任原安顺市（今西秀区）政协主席杨诗书（前排中）、副市长韩书武（后排左四）与九溪村老协会成员合影（后排左二为宋修文）　佚名 摄

小村庄与大历史

——《〈九溪村志〉整理本》序

杜应国

知道宋修文先生撰写的《九溪村志》，是在二十年前。那时，安顺学院的几位年轻教师正在九溪村搞调查，曾向老先生借阅过此书手稿，我也因此佳缘得以一睹该书真容。惜乎惊鸿一瞥，仅只翻了翻，并未细读，因此已记不清见到的是第几稿了。印象中，是用工整的钢笔字抄写在一沓厚厚的方格稿纸上，再用手工针线装订成册。数年之后，又听说《九溪村志》的第八稿被人借走后即不知所踪，闻之怅然，惋惜不已。所幸其第七稿保存下来。后老人去世，该书稿被安顺学院屯堡文化研究中心收藏。惜乎因未正式出版，一直未能得到有效利用。直到今年，在安顺学院贵州省高校乡村振兴研究中心的支持下，该书的整理出版终于提上议程，嗣经整理课题组的申报，已获批准立项，出版在望，实乃幸事。

中国自古有修志传统。自唐代李吉甫撰成第一部地方志《元和郡县图志》以来，修撰方志之风逐渐兴起，至明清时代则达到高潮，各种府、州、县志层出不穷，遍于国中，成为国史或曰正史的重要补充。然即便如此，旧时修志，也大多只到县志为止，县以下的乡志尤其是村志，极为罕见。现在所知，成书于清顺治十八年（1661）的山东东阿县《苫羊山志》，很可能就是现存最早的村志（苫羊山实即苫山村）。康熙二十四年（1685）由贵池人郎遂撰成的《杏花村志》，则是入选《四库全书》的唯一村志。除了这两本全国有名的村志，其他的则很少与闻。近见有人统计：“清代村志 9 种，民国村志 14 种。”（毛曦、董振华《城市化进程中系统开展村志编纂的意义与建议》，载《中国地方志》2016 年第 6 期）可知放眼全国，村志确乎稀若星凤，这与数量繁多、汗牛充栋的府州县志实在无法相比。就贵州而言，我所知的村志仅有一本，即道光间平坝人谭烺所撰《槎头小志》两卷。“槎头”即今之车头堡村，属平坝县（今改区）白云乡。作者谭烺，是平坝望族谭氏家族的后辈，世居该村。然谭烺此书亦未见传世，仅见之于民国《平坝县志·艺文志》的著录。近年以还，因现代化、城市化的强烈冲击，不少村落逐渐消失，于是各地始有倡修村志之举，但迄今能够问世者也并不多见。据前述资料，截至 2016 年，中华人民共和国成立以来各地新修的村志约为 600 多种。以此观之，这本创修于二十世纪八十年代的《九溪村志》，自然显示了特出的价值——它很有可能是继谭烺之后近二百年来安顺出现的第一部村志！

村落鲜见入志，是因其地理空间太小，所载荷的历史有限，似不足以为史家所阐扬。故现知的几本著名村志，作者都是本村人士，如李濠即苫山村人，郎遂亦杏花村人。历史地看，各朝各代稍具影响的文人、学者，极少有人愿把心思放到小小的村落上，这是村志稀有的一大原因。但这并不代表村落研究就不重要。事实上，村落作为社会有机体的微观部分，是社会构成最重要的基础单元和基层组织，在人类发展史上，村落甚至是人类文明的策源地和发散地，已经出土的不少村落遗址如著名的半坡遗址、河姆渡遗址等等，都雄辩地证明了这一点。不仅如此，村落还是城市形成的胞衣，许多早期的古代城市，都是从村落发展而成的。可以说，村落不仅是人类文明演进的产物，而且也是文明火种乃至文明细节得以保留和传承的“诺亚方舟”，蕴藏着许多文明演化和变迁的秘密。所以，在西方学术界，村落研究历来是民族学、民俗学、农村经济学，以及社会学、文化人类学等研究的重点。

在世界历史上，古希腊、古罗马时代是以城市为中心的时代，人多居住于城邦之内，而在城外进行耕作、放牧、收割等等，基本没有所谓村庄概念。直到罗马帝国（西）覆亡后，蜂拥而入的日耳曼人在罗马帝国的废墟上建立起一个个大小不等的蛮族国家，为了经营这些新掠获的土地，不断迁徙而来的日耳曼人逐渐形成了一种以地域或村落形态构成的生活共同体——马尔克公社，其主要特点是土地的公有私用，实质上是开启了西欧的村落化过程。惜乎这一过程持续未久，就被随之而来的封建化过程所削弱甚至打断。随着法兰克王国的崛起，新兴的采邑制、分封制不断将马尔克吞噬，以领主经济为代表的封建庄园逐渐成为中世纪欧洲社会的主要图景。十八世纪后，随着工业革命的兴起而开启的城市化过程，使旧欧洲的大庄园和那些残存的村庄不断被瓦解、蚕食、侵吞，农业的工业化和伴随而来的城市化成为不可阻挡的历史潮流。至二十世纪六七十年代，已基本实现了工业化和现代化的欧洲，除少数国家如意大利、瑞士等国之外，传统的村落已难觅踪迹，所剩无几。代之而起的是私人的农场、农庄和乡村别墅，以及为适应旅游业发展而兴建的农村社区。农村仍在，但作为农村社会重要支点的村落多已消失。唯其如此，进入九十年代后的欧洲社会，突又出现了一股“重农”思潮，如研究者所言：“1990 年代以后，欧洲从重视农村基础设施建设、提高农民生活水平，发展到把农村视为保存欧洲自身文明特性的宝贵资源，把农村景观、传统和文化，视为对当下发展有益的宝贵遗产。欧盟及其各成员国，学界及各研究机构逐渐将农村视为维护欧洲认同、产生社会效益的‘社会资本’，是保护环境、促进身份认同、产生文化效益的‘文化资本’。”（李友东《欧洲农村城市化的新趋势》）换言之，在今日欧洲，作为农业文明遗存的村落及其文化表征，已成为重要的历史遗产，而被整合为传统与现代性相契相融的新资源，为新时代的社会建构提供重要的保障和支撑。这一点，对正在经历迅猛的城市化浪潮洗礼的中国，当不无启发。

与西欧不同，在中国历史上，村落化过程从未中断。自秦代建立大一统的中央集权国家以来，城市虽是统治中心，遍布全国的官僚系统——衙门、官吏等等，皆集中于城市，但由于长期奉行城乡分治之策，中国的村落化过程不仅历史悠久，而且发展繁荣，具有形态发达、类型丰富和分布广泛的特点。尤其自唐代开始“官不下县”，朝廷命官只到县一级为止，县以下的乡村社会，则主要依靠地方乡绅和宗族势力进行治理，村落的发展更趋成熟和稳定。再加上传统小农经济的支撑，以家户构成为基本特征的小生产，被紧紧凝聚在村落的组织形态下，具有持续、稳定甚至是超稳定的特点。以致而今，无论东西南北，拥有千年以上历史的村庄并不鲜见。中国村落在经济形态上的同质性（都是小农经济）和组织结构上的趋同性（文化认同、族群认同包括血缘宗族及婚姻关系等），使其在固守观念、习俗乃至语言、行为方面，都具有很强的保护与传承功能，许多因为战乱、迁徙而发生变异的传统习俗、文化，都极有可能在一些千年古村落里找到。“礼失求诸野”，稳定而又密集分布的村落，为各种传统文化的承续提供了坚硬的保护壳，有如一个个再生能力极强的组织细胞、活性细胞，它们为广袤的乡村社会提供了一种超稳定结构，从而能够在“治乱循环”的历史演变中，不断为社会的重建提供基础和资源，以此构成重要的社会修复机制。因此，村落史不仅与地方史、区域史，而且也与文明史、大历史存在十分紧密的关联。

具体到这本《九溪村志》，自然也不例外，同样具有多方面的意义和价值。

首先，从宏大叙事即国家大历史叙事的角度看，九溪村的来历就颇值关注。书中介绍，九溪村形成于明初，村内一向流传有朱、姚、冯、余、陈、梁、胡、洪、童、吕“十大姓开九溪”之说。根据史书记载，明初安顺一带是军屯重地，九溪亦不例外。那么作为卫所官兵的驻屯之地又是如何演变成为后来的屯堡村寨呢？这是大历史叙事的断头处，从历代官修史书中都无法找到记录。而从村落史的角度，却有可能溯源而上，探寻到历史的隐秘，从而找到与大历史叙事的衔接和关联。如书中所言："屯军家属中的十姓，实为开辟九溪的先民。他们到后不久，把九溪的山川河流各自占为己有。如九溪河上至白大坝下至仙人坝乃朱姓所有。民国初年，谁在河内捕鱼或于河畔建房，朱姓将索取费用。至今九溪周围的许多地名如朱家冲、冯家山、余家凹、梁家井、姚塘头、胡家大坡等，是当时各占地盘的佐证。"

这里"屯军家属"一说或许不确。据书中介绍，九溪村的形成，是先大堡，次小堡，最后才是后街。显然，既初名之为"堡"，泰半应为军屯，而况村内汪公庙保存的一块清光绪年间的石碑，碑文中尚有"额载屯粮"多少石以及"屯田荒芜"之类的记载，可知九溪初始即为军屯之地无疑。文中所说的十姓"屯军家属"，极有可能就是当时一支分军屯种的小旗兵士亦未可知。明代屯田以百户所为单位，每百户辖二总旗，每总旗辖五小旗，每小旗辖兵士十名。按当时规定，屯军家属可自行开垦土地，三年后按亩起科，称"科田"，所征田赋即"科粮"，此属自有之私田，可以买卖。而屯田属官田，不可买卖。尔后由于屯政衰败，屯田萎缩，由屯军家属及其后裔开垦的"科田"越来越多，乃至形成了文中所说的"占地盘"现象，过去的屯田处所遂逐渐演变成十姓人家聚族而居的村寨，从而遮蔽了其原发性的军屯面目。果如是，则可知今日之屯堡村寨的类型，在其来源、形成和流变上存在着某种复杂性和多样性，是不可以一种单纯的类型笼而统之，一概而论。这或许就是从村落史寻绎大历史的幽径之一。

其次，从地方史研究的角度看，九溪村所隐藏的历史信息和蕴含的文化积淀，对地方史研究的拓展和丰富都是极有裨益的。以村内大姓顾氏家族的来历为例，就有颇值得挖掘之处。顾氏家族本是首任普定卫（今安顺城）指挥使顾成的直系后裔，但顾成在城内有府邸，府邸所在的顾府街即因之得名，按理其家眷也应居于府邸。那么，九溪的顾氏家族又为何迁居至此呢？推想这会不会跟顾成获授的职田有关？按明代规定，屯军官兵上下皆有授田，兵士为屯地，军官称职田，按官职大小，一般指挥使授田二百九十二亩八分，指挥同知二百三十一亩四分，指挥佥事一百十五亩二分，正千户七十六亩八分，百户四十八亩。换言之，当时的九溪，或许就是顾成近三百亩职田的所在之地亦未可知，唯因如此，需有家族成员在此居住照管，日久乃渐成为乡间的聚居、繁衍之地。否则，就很难解释早在永乐八年（1410）顾统与其夫人俞氏的合圹墓何以会择葬于此。九溪素有“屯堡第一村”之称，村内积淀深厚的文化传统，为当今的屯堡文化研究提供了丰富的资源，如关于屯堡人的婚丧礼仪、妇女服饰及信仰（拜佛）活动，以及屯堡地戏、花灯、迎春会（抬亭子）等等，在这本《九溪村志》中都有较详细的记载。在前些年兴起的屯堡文化研究热中，九溪村积淀丰厚的屯堡文化事象引起了不少研究者的关注和重视，到九溪考察、调研的国内外学者络绎不绝，并产生了丰富的成果，以之为题材或主要内容的国家级课题和硕士、博士论文已有不少出版，由此可见其影响之一斑。

此外，书中记录和保存的不少村落资讯，作为重要的历史资料，亦颇值关注。如环境方面：“九溪河两岸，原有上百株的高大柳树，河之对面有成片竹林，成百上千的白鹤、大雁栖息此间。九溪河鱼虾极多，群鹤群雁赖以生存。”几百年来，鹤雁在这里繁衍后代长盛不衰，月明星稀鹤雁声此起彼伏。两种鸟类常栖息于河畔林木之中。沿河柳树高十余米，枝叶茂盛，常引来群鸟在此安居。新中国成立后，20世纪60年代初，开展“农业学大寨”运动，大队组织生产队“围河造田”，将河两岸柳树大部砍伐，用石加固两岸河堤，而幸存柳树稀稀几株，使群鸟失去栖息之所。这段记述，让我们知道过去的九溪曾拥有一个何等良好的生态环境。史实方面，有关中国远征军200师麾下598团（团长郑庭芨）驻扎九溪，以及1951年“土改”时期划分阶级成分的信息等等，都是重要的材料。还有关于传统农业的一些记录，也别具价值，如关于稻谷品种、关于生产工具的记录：

“九溪多年来所种水稻品种分为粘、糯两大类。粘谷有：大小油粘、早六粘、白油粘、红油粘、紫杆粘、青杆粘、高粘、大白粘、落壳粘、金包银、岩谷等十多个老品种；糯谷有：黄香糯、白香糯、棉花糯、老鸹糯、矮糯、高糯、鹅香糯、半边糯、岩尖糯等十来个品种。在种植上经常更换，对不易倒伏品种尤为喜爱。”

“九溪农业耕作工具比较原始，多年以来，沿袭传统，老一套工具至今仍在使用。

耕作用具：木犁、木耙、钉耙、锄头等；

施肥用具：撮箕、粪箕、粪桶、粪提、粪瓢等；

灌溉用具：水车、摇车、戽兜等；

收割用具：镰刀、挞斗、刮耙、风簸等；

运输用具：扁担、箩筐、口袋、驮马等。”

这些貌似平淡无奇的乏味记录，在传统农耕生产、生活方式已开始发生巨大变迁的今天——更不用说几十年之后，显然具有重要的史料价值。不过，也是从这一角度看，该书的不足也是明显的。该书的时间下限为1999年，由此往前推五十年，正好是中华人民共和国成立。但恰恰是在这段可称为当代史的时段内，共和国的诸多事件却被严重地忽略了，如在“土改运动”之后的镇反运动、合作化运动、“大跃进”、人民公社化运动，以及1960年初的大饥荒、“四清运动”“文革”等，多未有述及，也不知是有意的回避还是无意的疏漏。

最后，关于本书的体例、结构，也须饶舌几句。中国的地方志编修，自唐代以来已有一千多年的历史，各种府、州、县志的体例允称完备、成熟。惟村志一项，鲜有借鉴，故其体例以何为佳，确乎是个很值得探讨的问题。《九溪村志》采取的是章节体，全书十三章，除去涉及自然环境、村寨沿革和姓氏、人口的前三章外，下分政治、经济、文化（包括教育）、社会、生活状况、言旨话及其他、名胜古迹及民间传说、人物、杂记、民间组织等诸篇。不知这样的体例设计是否受到了八十年代兴起的新县志编纂框架的影响？但其不甚合适也是明显的，一个小小的村寨也按照政治、经济、文化、社会等这样的大块面来划分章节，是否有大而无当之嫌？毕竟村落只是一个社会性的微观组织，时空负载有限，简单模仿县志的篇章结构并不恰当。相反，架构过于宏大，难免会有头重脚轻之感，徒显空疏之弊。当然，这是一个新问题，什么样的体例、结构才算合适，还需要探讨，尤其需要在具体的写作实践中去进行探讨。

或许正是考虑到有诸如此类的不足，安顺学院贵州省高校乡村振兴研究中心及《文化安顺》编辑部的同仁对原稿进行校读，改正了一些明显的笔误、错落，以及某些不规范的用字如异体字、俗写字、非规范简化字等；对文中使用的一些方言俚语，则出注说明；对某些史事或表述有误的文字，亦出注予以更正；并在原稿基础上附录了部分相关的文献资料和插图照片，使文本更丰富、充实。

总之，作为一位倾情于桑梓文化的前辈老人留下的遗稿，尽管书中难免还有种种不足，但它毕竟是我区、我市现代村志书写的开先河之作，仅此一项，就可称弥足珍贵。相信这本书的出版面世，必将对我区、我市的村志编修乃至对乡邦文献的整理和发掘，都会起到有力的推助作用、示范作用。唯愿在不久的将来，还会有更多更好的村志问世。

倘如此，则这本《九溪村志》的出版，实可谓功德无量之举。我们也当如曹孟德一样，放声一诵："幸甚至哉，歌以咏志！"

谨以为序。

2023 年 3 月 6 日修改稿毕

整理凡例

一、《九溪村志》为宋修文先生个人所纂，抄写工整，然有少量不规范简化字、异体字，均规范。

二、此稿为第七稿，无别本可校，惟以内文互证。

三、原稿有文句不畅者，酌情删改，如第二章第二节原稿“经笔者走访年过古稀的朱仲明、高德昌两位老人座谈”，酌改为：“经笔者走访年过古稀的朱仲明、高德昌两位老人，与之座谈知道”，补“与之”“知道”四字，庶可与下文相通。其他如句式杂糅、文段参错，则酌情调整，勉力保其原意不变。

四、此志为个人修纂，史实、史料容有遗漏舛误，编辑者苟有发明，宜补苴之。如第二章第一节原稿“‘待以岁月，然后可徒也。’（《洪武实录》卷 192）”。查《明太祖实录》，原文作“宜且驻兵屯粮，待以岁月，然后可图也”，则据正。其他相关资料，可相应附录，俾此志枝繁叶茂。

五、注释中《民国续修安顺府志辑稿》一书简称《辑稿》。

六、人名、地名、事迹等不经见或有难解者，略做简注；注以注脚形式，出在当页下，以免翻检之劳。如第二章第一节原稿“明朝初年，元梁王把匝剌瓦尔密”，在“密”字处加脚注“[29]《新元史》卷一百十四有传”。

七、本稿整理出自众手，虽经柴其斌统一审订加注，而风格容有不同，前密后疏，读者谅诸。

序

九溪村历来为安顺市最大村寨。根据现可查史料记载，清康熙年间计二千余户，约自康熙至咸、同近二百年间，为九溪最繁盛时期。九溪能形成本市最大村寨，有其特殊原因：一有得天独厚之自然环境，三面环山，一面临水。而河之对面，亦均有苍翠繁茂之森林，生态环境好。村之东、西、南山坡及河畔有丰富之无烟煤。河水流势平稳，水源充沛，无特大雨水，不致泛滥成灾；非特大干旱，从不干涸见底。水火俱全，气候温和，土质肥沃，资源丰富。二是民风淳厚，曾享有“仁里多贤”之美誉。而村民亦多遵礼守法，一切不法之徒难以立足。三是地处安顺、平坝、旧州之间，交通方便，利于从事各种小商小贩及小手工业，生活路子宽。有此三者，吸引着邻村及外地居民迁入。随着历史的发展，人丁繁衍，居民安居乐业，故发展为市内最大村寨。

人民勤劳俭朴，以务农为主。农闲则从事小手工业或小商小贩。有的饲养家畜家禽，或从事木工、石工；有的煮酒、榨油、制米糖、推豆腐；有的宰零盐、做米贩子、开小商店，其中以制米糖、米贩子更为突出。民国时期，九溪米糖具有地方色彩。每到冬季，常有人挑至各地销售，上至关岭、镇宁，下至龙里、贵定，贵阳、安顺尤多。“葵花杆糖”（米糖中之泡糖，内空且酥，似葵花杆），已成为村内外一般走亲访友的必备礼品。

九溪村寨大，人户多，在长期封建统治下，人多贫苦，只求不饥不寒，免遭冻馁，而不奢求其他，不重视教育，文盲多（特别是妇女），全村文化水准较低。清代末期，虽出了不少文人秀士，但也未能改变全村整体面貌。民国以来，创办新学，对文化知识已较为重视。然而读书之家，还必须具备一定条件。当时读书虽不似汉代“非仕家无书、非抄录传写则无书”情况，但读书须付出大笔费用，要学有所成，还必须到外地就读。而九溪一向是贫者多、富者少，供子弟读书实非易事。更由于思想保守，缺乏远见，即如子弟聪颖异常，亦不愿克服暂时困难而勉力供读，是以新中国成立前九溪偌大村寨，仅有大学生一二人，中学生也寥寥无几。

贫穷导致愚昧，而愚昧又带来贫穷，如此恶性循环，使人民民[①]智未开，更加落后。贵州一向被称为“蛮夷”之邦，闭塞偏僻，新文化不易传入，农村尤甚。因此，尽管辛亥革命推翻了皇帝，随后又有“五四”新文化运动，而九溪基本上是封建迷信思想，迷信鬼神，迷信天命，一切听从老天爷安排。

九溪在迭遭战乱天灾之后，元气大伤，更由于不注重卫生，不相信医药，而长期亦缺医少药。有病只求神请巫，是以死亡率特高[②]，使千余户的大村，到新中国成立时仅有五百余家。一九四九年冬获得解放，给九溪人民带来了生机，改变了九溪的落后面貌。特别是党的十一届三中全会后，农村改革实行家庭联产承包责任制后，极大地调动了农民生产积极性。在富民政策的指引下，百业兴起，十年改革，使九溪起了翻天覆地的变化，无论政治、经济、文化、教育、卫生等方面[③]都得到突飞猛进的发展，精神面貌、思想观念为之一新。新中国成立后，有了不少的大学生，也有了研究生，中学生更是不少；人们基本摆脱了贫困，也有了部分富裕户。而更难得的是，人们对文化知识已较重视，为子女读书，老人们再辛苦也无怨言。可以断定，在优越的社会主义制度下，在党的正确政策指引下，一个振兴的九溪指日可待。

今天来自昨天，我村曾有过兴盛的时期，有过淳厚的民风，因而获“仁里多贤”的美誉。我村居民历来忠厚善良，勤劳俭朴，没有产生豪强恶霸。

① “民”字原误“明”，据文意改。
② “高”字原作“大”，据文意改。
③ “方面”原作“事业”，据文意改。

对于昨天，我们应了解它，认识它，继承并发扬优秀的传统，弃其①糟粕，始能加大步伐赶上时代，振兴九溪，为建设中国特色社会主义作出应有的贡献。我们的前人没有留下我村发展的记录，这是难以弥补的憾事，我们不能再让后代有同样遭遇，正是在这种思想驱使下，宋君积极进行了撰写村志这一具有深远意义的工作。史料记载不多，查找困难，村内年高老人也只能提供其经历或听上辈传述之事。本着详今略古的原则，只好对明、清两代有史料者列入，虽有传说而无佐证者舍去；有传说而合情合理者则注明“传说”，予以记叙。对民国以来所发生的事件，则多方查证，按实记叙。宋君为采访资料，备极辛苦，走访了本村外村数十老人，不顾行动不便，到处抄墓志，查碑记。被采访老人述说不一，则认真分析，多方考证，务求真实，确实费尽心力。历时半载，将九溪村志初稿写成，希望它对后来人有所启迪。是为②序。

一九八九年十月，张寿齐③。时年古稀。

① “弃其”原作“扬弃”。“扬弃”是哲学名词，德语 aufheben 的意译，音译为“奥伏赫变”。包含抛弃、保留、发扬和提高的意思。“扬弃”有发扬精华，抛弃糟粕之意，此处仅对“糟粕”而言，故改。

② “为”字原脱，据文意补。

③ 张寿齐（1921—2009），九溪村人。小学中学在安顺就读，大学毕业于大夏大学（贵阳）财务专业，系九溪新中国成立前唯一大学生。大学毕业分配到遵义银行工作，新中国成立后调到贵阳百货公司工作。退休后回到家乡九溪，组建老年协会、储金会。修身养性，勤习书法，致力于乡村文化振兴和保护。

目 录

概 述

九溪村位于安顺市之东南隅，距城二十七公里。东接平坝属之高寨，西连本市属之竹林、雷屯，南靠下九溪，北与石坝、马场相连，总面积为十二平方公里，距黔滇古驿道七公里。从明初建村至今，已六百余年。当时村民多来自“征南”和“填南”两部分，以后由于地理条件优越，吸引了附近和外地村民迁入。全村现有千余户，四千多口人，五十几个姓氏，是安顺市农村最大的村寨。

根据史料记载，从康熙至咸、同战乱之前，是九溪人户的鼎盛时期。几百年来，全村居民在这块土地上辛勤耕耘，丁口逐渐增多，以农业为主，发展了各行各业。由于交通闭塞，封建意识较深，思想保守，贫穷落后。一九四九年十一月，九溪获得解放。四十多年来，在党的正确政策指引下，各行各业均有较大的发展。但寨大人多，耕地面积少（人均不到一亩），温饱问题仍未解决。直至党的十一届三中全会后，在党的改革开放富民政策指引下，给九溪村带来了生机活力，在短短的十多年改革中，发生了翻天覆地的变化，百业兴起，是一个显著特点。村民生产积极性空前高涨，人民生活有了显著的改善和提高，摆脱了贫困，初步改变了原有的落后面貌，出现了不少的小康之家。政治、经济、文化、教育、卫生、交通、环境都有了新的进展。

全村以汉族为主，明初前在这里居住的三十多家土著（青苗族），其风俗习惯与汉族无异，汉、苗早已通婚。九溪河畔及附近山坡蕴藏着极为丰富的煤源，取之不尽。村寨三面环山，一面临水，形如筲箕，人们常称九溪村形态为“三老弈棋”。九溪由于人多耕地少，自古及今形成一个半农半商的特殊环境，是一个水火俱全、气候温和、土质肥沃、山清水秀的独特村寨。

第一章　自然环境

第一节　山　坡

据民国《安顺府志·安顺志》载：老罗坡山脉亦名老青山脉。“自安顺白岩坡分支，东南行十五里为三清岩，再东行十五里至老罗坡止，绵亘数十里……再东北行二十余里，渡九溪河，起老青山；三峰耸立，形如笔架。”[①]老青山与附近山坡互为依托，形成一个半圆体，九溪河横亘其间。

老青山：位于九溪村之东面，距村三公里，又名天龙山，海拔一千五百米，长千米左右。老青山[②]三峰，中峰最高，三峰耸立，形如睡狮。林木茂盛，四时苍翠，山顶里有云气。土质比较肥沃，气候温和，冬暖夏凉。此山虽山石较多，又适应各种树木、杂草丛生，虽遭人为地不断砍伐，但悬崖绝壁上的各种树木使青山面貌保持不变。峰顶有“活动岩”和“仙人桥”等景观。登上“活动岩”，可看到数里内的村寨。老青山底部蕴藏着极为深厚的

① 民国黄元操《续修安顺府志·地理志》（第一卷）：“老罗坡山脉亦名老青山脉。自安顺白岩坡分支，东南行十五里为三清岩，再东行十五里至老罗坡止，绵亘数十里，为旧州西北之屏障。再东北行二十余里，渡九溪河，起老青山；三峰耸立，形如笔架。”（1983年安顺市志编纂委员会整理排印本）

② “老青山”三字原作“层峦叠嶂，奔腾数十里，至此起”，显系写老罗坡山脉者，与上文“长千米左右”矛盾，故改。

煤源。老青山也是安顺市内名山[①]。

九溪老青山 李立洪 摄

王家坡：位于村之西南隅，坡高 80 米，全长约 400 米[②]。山顶平坦，石多土也多。据村内年高老人们传述，早年此坡林木甚丰，荆棘遍野。九溪未开辟之前，坡上古树参天，为一片原始森林。随着九溪的开发，村民“靠山吃山”，由坡底辟地沿坡顶直伸中部建房，在此坡伐木建筑。当煤源未开之际，作食取暖，伐之更甚，覆盖率逐年大减。至明末清初，此坡仅有极少树木。进入民国，已将幸存树木伐尽，坡顶光秃。居民则利用这片荒芜土地，垦种粮食。且土质肥沃，风调雨顺年景，收入颇丰。除坡前石多不能耕种外，大部均作旱地。新中国成立后，尚存一部分幼树，一九七八年大队又

① 咸丰《安顺府志》卷九：“老青山在城东五十里，一名天龙山。有三峰，中峰最高，左右两峰排列于下。升至半岭，左峰下有乌龙洞，洞上有亭，为登临者憩足之处。循阶盘曲而上，古杉大者数围，槎枒婆娑，皆数百年物。庙后一竹林，下名天米峰，出自然米，轮廓具存，色微黑。上至中峰顶，有石覆之，名活动岩，偶拨则动，用力推之不动。峰巅高数千仞，北望思腊河，东望车头河，俯视峰峦，皆成培塿，为郡东一大奇观。右峰在西，有双眼井，天生桥有石方丈。其麓有池二，左清右浊。”为合郡八景之一，称“米遗青山”。参见附录。

② 原衍“左右”二字，据文意删。

进行了一次集体砍伐，已再无一树。一九五一年七月，县交通部门为改变农村交通环境，将原“关（关帝庙）旧（旧州）公路”进行改修，路道由坡中部通过。随着九溪不断地发展，村民于此坡开石建房者越来越多，公路两旁建造了不少新房。

木林坡：位于村之西部，与王家坡遥遥相对。坡高 60 米，全长 300 米左右。此坡因林木茂盛得名（人们误叫摸粒坡）。坡顶极平，土质好。此坡土多石少，由于坡度不高，伐木较易。村民将坡顶树木伐尽之后，平整土地，开垦种植蔬菜、旱麦、苞谷、豆类等作物。清末民国初期，村民建房，于此坡伐木更甚。随着覆盖面减少，砍后虽有零星树木，也难以成活。村民不愿长大遮地，全部砍尽。坡前除有朱姓祖坟和其他[①]异姓坟茔外，尚有一片倾斜的开阔地，每逢春季，村内一些儿童多于此地放风筝取乐。“关旧公路”由坡下通过。新中国成立后，进入 20 世纪 80 年代，村民于坡下公路两旁建房居住。随着村民经济收入的不断增加，选择公路旁建房之家越来越多。

张家坡（误叫詹家坡）：位于村之北部，坡高 130 米，全长 500 米，与石洞坡连接。据村内年高老人传述，过去此坡比王家、木林两坡古树尤多，林荫苍翠，覆盖面更大，系原始森林。此坡高陡，荆棘丛生，野兽经常出没。九溪开辟后，村民建房，多在王家坡、木林坡砍伐，待两坡树木基本用尽，才于此坡伐用。由于覆盖面大，虽连年砍伐，仍保留一部分巨树未伐。三人合围的青杠树至民国初年尚存百余株。民国二十八年（1939），为发展九溪教育事业，经三街耆老商议，决定建修九溪小学时，才将此坡仅有四十余株青杠树全部伐用，作烧砖燃料[②]。此后山顶光秃，坡顶平坦，大片荒芜土地，村民垦伐种上各种农作物。坡下葬有夏官屯张姓祖坟一穴，故名张家坡。新中国成立后，此坡周围都被村民开垦种地，于此坡开石建房之家，日甚一日。

石洞坡：位于村之北面，距村一公里，此坡石多且质好。坡高 80 米，

① “他”字原阙，据文意补。

② “燃料”，原作“建校”，据文意改。

全长 400 米左右。此坡林木早被村民建村初期伐用，并于此坡开山取石。据年近八十的谭盛清老人口述：石洞坡上曾居住过三十多家农户，有谭、赵、向、杨、王五姓，时间在清道、咸年代。过去许多客商（贩卖土布）赶猪场[①]、马场后，多于此地住宿。坡上无水，但坡下有潭水，人畜用水、洗涤，都要下山取用。民国初年，陆续迁走，民国二十七年（1938）全部搬迁，除杨姓居石坝村外，其余四姓均迁九溪。由于此坡石质好，几百年来源源不断取用。新中国成立后，九溪一些村民直到现在，常于此取石卖钱，也是一条生财之路。坡顶和中部均为村民垦殖种粮。

除石洞坡外，近村的三个山坡，自古以来订有乡规民约，严禁开山取石，违者由三街耆老议处。因此保护了村寨的环境，绿水青山的自然景观在较长时期内未遭到破坏，长期以来村民都自觉地遵守此规。那时即使有钱之家建房，都要到石洞坡取石，用人挑马驮，或用鸡公车[②]搬运。三个坡头上虽无成片林木，但杂草幼树遍布[③]，仍保持青山面目。新中国成立后，随着社会的进步和发展，人户增多。进入八十年代，于近村几个坡上开山取石，较为普遍。党的十一届三中全会后，农业改革实行家庭联产承包责任制后，在富民政策指引下，村民在解决温饱的前提下，富裕之家逐渐增多，改善居住条件已有基础，建房之家不愿舍近求远，采取就地取石，既节省经济，又省时省力，过去的乡规民约早已置之度外，也不相信破坏什么风水了。

青菜坡：位于村之东部，离村约一公里。坡高 100 米，全长 500 米，与姨妈坡连接。石少土多，且土质肥沃，风调雨顺年景，收入甚丰。除坡中部有一片坟茔外，大部分作稻田或耕地。村民到此坡耕作，需经二十九眼桥[④]到达彼处。据村内一些知情老人叙述：在明代中期，因此坡离村较近，来此

① “场”字原阙，盖省写也，因补。

② 即独轮车。

③ “遍布”二字原阙，据文意补。

④ 民国《续修安顺府志·地理志》：“又南流至大龙潭，二官寨之水自东来入。自大龙潭伏流里许至九溪坝，出为九溪河，二十五眼桥跨之。又南流至下九溪，章家庄河水自西来入。”《辑稿》略同。《辑稿》又曰：“又东南至碧波桥（俗亦名二十五眼桥，在旧州东门外二里许），把士寨水自西来入之。”故编者注曰：“原文如此。二十五眼桥应在旧州地，如下文然，此处疑有误。”则九溪之桥名“二十九眼”，或有可能。

定居的先民，多于此坡垦地种粮。因离河不远，故坡底或中部多改作稻田，坡顶多作耕地。新中国成立后，1976 年，大队利用上游河水于坡下建有 7.5 千瓦电灌一台，灌溉面积为 130 亩。由于水源有了保障，中部原来的[①]一些旱地，逐步改为梯田，做到旱涝保收。

白脸坡：位于村之东部，距村一公里。坡高 100 米，长 200 米左右。坡前有一壁陡且略带白色的巨石[②]，直耸云霄，故曰“白脸”，而此坡因此得名[③]。坡顶尖突，不宜耕作；坡底及中部均作为耕地。新中国成立前，坡顶端曾架设有航空路线标志。与老青山遥遥相对。

小桥坡：位于村之南部，距村一公里。坡高 120 米，全长 500 米。此坡煤源甚丰，村民于此坡开采煤，至今不间断。坡上野生细毛栗、油茶籽更多。“关双公路”由山腰辟路通过。新中国成立后，五十年代末期，国家林业部门在此坡建有小桥坡林场，设有专人管理，进行封山育林，把周围数十里坡头进行绿化。几十年来，已种植大量松木、杉木、白杨、化槁及其他林木。由于加强管理，大部已成为用材，有力地支援国家用材需要。

第二节　河　流

据《续修安顺府志·安顺志》载：九溪河属滴澄河系，“滴澄河之上游为[④]邢江河，邢江河之上游为九溪河。”

经笔者考证：九溪河源头出自安顺仁岗屯野鸭塘，西流至十里之郑家屯；清水桥之水自北流出，向东流经山岚，至曹家屯，南流至汤官；清凉洞之水从南流入，经左蒋、白泥寨至三铺大桥；姨妈寨之水，东经鲍屯，西流至鲊塘河；鲊塘河水及洞内水自东北注入大龙潭。

另一水源头为二官寨大井，从东南流经狗场屯至吉昌屯，为吉昌河；黑寨（今河桥）水自北流入，西流至白大坝；增福寨之鸿雁龙潭从西北流入，

① “来的”二字，原作“作”，据文意改。
② “壁”字原误“笔”；“且”“的”原阙，据文意补。
③ 此句原作“而得此坡之名”，据文意改。
④ “为”字原脱，据《辑稿》补。

珍珠井之水亦从西北流入，南经至水桥（今之大西桥）、马场杉树林；吉昌屯水向东流入，又南至大龙潭与野鸭塘水会合，自大龙潭伏流里许，至九溪坝，出为九溪河，跨二十九眼桥，向南流经下九溪、浪塘，经碧波河折入周、刘官屯，统为邢江河。

九溪河于大龙潭伏流，从地①底穿入苦李②塘冒出至九溪，此③段全长二公里，河宽处约 80 米，一般为 50 米，水深 8 至 10 米。苦李塘一段水底有溶洞。民国二十七年（1938）夏季，石坝村有一在九溪小学读书的学生，放下午学回家途中，在苦李塘洗澡，由于不识水性，竟落入溶洞，尸体在三日后则从另一处地方漂出水面。

九溪河　李立洪　摄

第三节　环境变迁

九溪河两岸，原有上百株的高大柳树；河之对面，有成片竹林。成百上千的白鹤、大雁栖息此间。九溪河鱼虾极多，群鹤群雁赖以生存。几百年来，鹤、雁在这里繁衍后代，长盛不衰，月明星稀，鹤雁声此起彼伏。各种

① “地”字原作“水”，据文意改。

② “李”字原误“里”，据下文改。

③ “此”字原作“一”，归属上句，今改。◎《辑稿》曰：“自大龙潭伏流里许，至普定九溪坝（在府城东五十里，今属安顺）出为九溪河。”

鸟类常栖息于河畔林木之中。沿河柳树高十余米，枝叶茂盛，常引来群鸟在此安居。新中国成立后，20世纪60年代初，开展“农业学大寨”运动，大队组织生产队“围河造田”，将河两岸柳树大部砍伐，用石加固两岸河堤，而幸存柳树稀稀几株，使群鸟失去栖息之所。1977年，九溪河上游新建了安顺化肥厂，投产后，由于该厂氨水及其他废水处理不好，全部流淌入河中，不仅污染了两岸稻田，且排放一次废水，九溪河遭一次灾难，大小鱼儿竟全死于水面，顺水漂流。距村1.5公里之枫阳厂（中央厂矿），其厂内污水也流入九溪河，河水污染更加严重，使河内生物难以生存，破坏了自然环境和生态平衡，直接影响九溪村人畜用水，实为一大公害。

九溪河底系砂石，村民吃鱼，极为方便，且鱼质极佳，数量也多，现在只有望河兴叹了。群鸟失去生活来源，只好远走高飞，去寻求新的生存环境。八十年代末期，枫阳厂已搬迁至小河地方生产，虽解决了该厂污水问题，但安顺化肥厂的废水，直至今日，仍未采取处理措施，源源不断地流淌于九溪河，不仅鱼虾不能生存，连杂草也不生了。如此严重污染情况，一直未得到妥善解决。

据村内一些年高老人传述：清代同、光年间，村前之老青山，虎、豹、豺狼、野猪等出没无常，拖猪拉狗，乃至伤人之事，时有发生。民国十七至十八年（1928—1929），老青山和村子周围山坡，夜间常闻豺狼嗥叫。至晚间，村民们多早关门，父母们常将小孩抱于胸前，不许夜间外出，以防不测。新中国成立后，1953年春季某夜，竟有一豹闯入村民梁兴盛后园内，梁父误认为狗，举棒打之，反被抓伤手臂，边呼边跑入室，门关不及，登楼躲避。豹尾随其后进入家中，全家惊恐万状，幸邻舍闻之呼救，聚众围歼，终被逃去。至今已无野兽踪影。

第四节　田与路

九溪寨大人多，居住稠密。三面环山，一面临水，农田多散于四野。据村委会提供资料：新中国成立前，全村共有田土2382亩，其中，田1421

亩，土961亩，人均[1]耕地为0.97亩，粮食总产量641500公斤。田每亩平均单产为300公斤左右，土单产为150公斤。1991年年报：全村田土共计2682亩，其中田1321亩，土1361亩，人均为0.73亩。土地面积扩大300亩（含开生荒和熟荒），但人口也随之增长。粮食总产量为950800公斤。田土亩产量也有所提高，田亩产平均为400～500公斤，增长30%以上；土亩产平均为200～250公斤，增长半成左右。

九溪田园风光　李立洪　摄

全村田土分布大致情况是：东面耕作区，田为264亩，土为272.2亩，合计为536.2亩；西面耕作区，田为528.4亩，土为544.4亩，合计为1072.8亩；南面耕作区，田为260.2亩，土为268.2亩，合计为528.4亩；北面耕作区，田为268.2亩，土为276.2亩，合计为544.4亩。西面耕作区面积宽广，距村寨远，缺水，旱田多，望天落雨者不少。距水较近之田，可以施以提灌，但高塝田、二塝田，每遇缺水年景，收成无几，只得改种苞谷，唯一指望的是风调雨顺年景。九溪河两岸稻田多，水源便当。近村之土，多为菜地，兼种早熟作物。东、南、北三面水源好。九溪河岸低矮之田，遇上雨水多的年份，又易泛滥成灾，水利又变为水害。

新中国成立后，九溪在七十年代才彻底解决了用电问题。七十年代初，大队统筹规划，全面安排，自筹资金，利用现有电力设施，在农家河、小坎子、坝头上、鸭蛋窝、青菜坡五处，分别建立了55千瓦、45千瓦、17千瓦、7.5千瓦的电力提水站[2]，灌溉面积为800亩；有300亩左右的农田，

① “人均”前原衍“按当时”三字，据文意删。

② 原文缺一个电力提水站的数据，因时间较为久远，不能准确查阅。

则可用小型抽水机抽水可以解决；用其他提水工具可灌溉150亩左右，百分之九十以上稻田基本上做到旱涝保收。电力也给村民日常生活带来了极大方便，在粮食加工上，使广大妇女从繁重的家务劳动中解放出来。

九溪偌大村寨，几百年来没有一条像样的路，村民南来北往，凭着两腿步行。民国十八年（1929），周西成主黔，才修通了滇黔公路，村民们若至安顺，须得步行四公里至大西桥或三铺乘车。但那时车辆极少，乘车不易，徒步进城倒是常事。村民们往赶安顺牛场、马场，都是徒步来回。民国三十二年（1943），安顺县政府组织群众修了一条“关（关帝庙）旧（旧州）乡村公路”，全长11.5公里，经过九溪，实际上是比平常的人行道稍宽一点而已，根本通不了汽车，只能通花轮马车。由于路基质量差，又无专人管理，多年来的乡村公路未发挥应有的作用。

九溪巷道　李立洪　摄

新中国成立后，1951年，安顺县人民政府派交通部门的余文伟同志（广东人）来九溪组织整修公路，当时的规划是：路面要在原基础上扩宽，重新翻修路面，延伸路线。公路仍由大街通过，但要拆去民房多家，经过宣传和多次工作，被拆房之家都不愿意，阻力很大。经过多方考虑，并经上级同意，道路改由村外通过，仅半年时间，公路全面修通，全长 24 公里（延伸 12.5 公里），称为“关（关帝庙）双（双堡）公路”。1975 年，交通部门再次整修，铺成沥青路，路宽 4 米，汽车互相可以通行。南经旧州至双堡，与国防公路连接；向东可直达广顺、长顺、贵阳；北至关帝庙，与滇黔公路相通；向西可到安顺、龙宫，直至黄果树、昆明。1977 年 10 月，安顺运输公司开辟安顺至旧州农村公共汽车营运线路。至此，九溪村民要远出买卖或走亲访友，就方便多了。随着改革开放的春风，九溪村民也赶上时代的发展，私人买汽车、盘式拖车搞长短途运输的人逐渐增多。过去远出做买卖，往返十多天或者[①]一月才可回家与亲人团聚，现在当天可以来回，不再在外过宿了。

九溪居住稠密，千户大村，街道狭窄，大街路面宽处也不过十来米，一般为 3～4 米，村民住房，参差不齐，村中大街长约 300 米。村民常以大堡、小堡、中间街、后街呼名，而小街竟达 40 余条。具体的小街名是：大堡有大石板、庙背后、大门楼、弯子头、水碾上，随着新居的扩展，又有三支角、海马园、新马路等；小堡有三架炉、白果树、顾家巷，新扩建住房后又有柿子园、庙背后、坝头上等；后街有水井坎、宋家院、马家院、袁家门楼，随着新居的发展，又有新街、土地庙、农仓园、黄土坡、香樟树、后马路等。九溪村扩建的新居住地，在原基础上又扩大一倍左右。

九溪大街道在 1975 年大队整修过一次，将原大街石铺路面翻修为水泥路面，修通了下水道，路面平整干净。近年来由于个体车辆增多，运输繁忙，路面损坏面大，每遇天雨，污泥浊水，比比皆是。1992 年秋季，九溪村为安装自来水地下管道，又将路面挖坏。大街小街都安上主管道[②]，绝大多数村民户都开通接水管道进家，据村委 1999 年 10 月统计，全村有 818 户人家都吃上自来水。随着重新修整街道路面[③]，村委会制定村规民约，大街道上各村民户门口，不准堆煤、堆石块和乱倒垃圾，并实行专人打扫环境卫生，保持了街道的清洁和交通运输的安全。

① “或者”原作“多则”，据文意改。

② “管道”原误“道管”，据文意改。

③ 此句原在“绝大多数”之前，据文意移于此。

第二章　村寨沿革[①]

第一节　村寨的形成与发展

明朝建立后，洪武十四年（1381）和二十一年（1388），进行了两次南征。第一次南征，明军于安顺屯兵之际，称之为“十姓”的屯军家属先来开辟九溪，他们是：朱、姚、冯、余、陈、梁、胡、洪、童、吕姓。先民们于此辟草菜、斩荆棘，为开发九溪奠定了基础，至今已六百余年。明朝初年，元梁王把匝剌瓦尔密[②]镇守云南，对朱元璋旨意多次违抗，甚至明目张胆地杀死明朝使臣。为巩固西南边陲，朱元璋派颍川侯傅友德为征南将军，率步、骑三十万征南[③]。于洪武十四年（1381）九月出发，大军分两路入云南，一路由郭英、陈桓等率领，从永宁（四川）、乌撒（威宁）入滇。大军由傅友德率领，由辰沅[④]（今湖南）进入贵州地界，十二月到达普定（今安顺），在此大量屯军。朱元璋令安陆侯吴复在阿达卜择地，修建了现在的安顺城。待云南平定后，安顺和安顺周围便成了明军的大本营。安顺周围至今留下了许多屯、堡、旗、关、哨、所等一类带军事性质的地名。明军两次南征，傅友德两次被任命为征南大将军，战事一直延续了好些年，而军事镇压

① “沿革”二字原无，据文意补。

② 《新元史》卷一百十四有传。

③ 明张紞《云南机务钞黄》载圣旨：“取云南的缘故，为云南梁王使人来俺根前打细，通了流官及火者每，为这般征云南。”“曩因云南匿有罪，纳逋逃，惑我边守，命将颍川侯帅甲士三十万问罪梁王。”显系朱元璋托词，不过卧榻之侧不容人酣睡罢了。

④ “沅”字原误“源”，据《明史》傅友德本传改。另一路由都督胡海率领，郭英、陈桓系其部将。

结果表明[①]，西南这块土地很难征服。朱元璋从实践中悟出了一个道理：要想征服西南，必须采用安抚和征剿并用的两手。因此，他积极推行了屯田制度，使大量屯军家属和当地老百姓共同生活，共同劳动，以达到感情上的融洽，“待以岁月，然后可图[②]也”（《洪武实录》卷192）。

原九溪村寨南面景象

傅友德亲领的大军，随征剿平息，屯军驻扎于安顺周围。屯军家属中的十姓，实为开辟九溪的先民。他们到后不久，把九溪的山川河流各自占为己有。如九溪河上至白大坝、下至仙人坝，乃朱姓所有；民国初年，谁在河内捕鱼或于河畔建房，朱姓将索取费用。至今九溪周围的许多地名，如朱家冲、冯家山、余家凹、梁家井、姚塘头、胡家大坡等，是当时各占地盘的佐证。几百年来，朱姓虽迭遭变迁，人丁仍[③]较为发迹。陈、梁、胡姓次之，冯姓外迁者多（下九溪），姚、余两姓人户更少，洪、童、吕三姓至今已无一户。吕姓仅有吕元勋一人，于民国三十年（1941）至平坝属之天龙镇招赘

① “表明”二字原阙，据文意补。

② “图”字原误“徒”。《明实录·太祖实录》卷一九二：“今欲降伏之，其地山势险峻，道路崎岖，林箐深邃；其人与猿猱无异，大军一至，窜入林薮，猝难捕获。宜且驻兵屯种，待以岁月，然后可图也。”据改。

③ “仍”字原阙，据文意补。

落户。随后不久，宋、黄、顾、张、赵、高、钟、杨、马、代等姓，相继来九溪定居。

以上诸姓，第一次南征时，先居安顺、平坝等地，后迁入九溪。安顺之顾府街（今民主路），因顾成住过而得名。宋忠也曾居住过安顺，故有“宋官巷”街道之名称①。洪武二十一年（1388）第二次南征不久，大量移民则往西南充实，历史上叫作“填南”。由于九溪有得天独厚的地理环境，来九溪定居者日趋增多，这是尽快形成大村的主要原因。从明初至清康熙的三百年间，九溪达千余户，六千多口人，是人户鼎盛时期。三大街于清乾隆五十五年（1790）修建门洞六个。至今二百多年，大堡门洞上端尚有清乾隆五十五年的石碑记载②。民国时期，为防匪患，大堡门洞上端及袁家门楼上均修有石碉，驻有乡丁防守。

新中国成立后，除大堡石碉完整外，袁家门楼及石碉，于1951年因备修公路而拆除。小堡门洞保持了几百年来的老样子，原有内门洞因年久失修而拆除，另一道平门，因年久失修，处于危险阶段。为了安全起见，由居住内门村民自动集资，于1988年重新修葺为拱门，门上端嵌有“同心巷”三字，门上一副对联，上联是“门庭齐力添新貌”，下联是“巷里众生增安康”。后街，宋、马两院门洞仍保持完整，它反映了古代屯堡人的历史状况。

九溪原有私人石碉一个，系宋绍文主持尚武乡工作期间，为预防不测，于民国二十八年（1939）自己修建的。高十五米，五层，宽四米。“四清”时期③被拆除。

---

① 《辑稿》无宋官巷之名，疑即“升官巷”，在城东南隅，由南大街东通牟家井。

② 今“大堡门楼”匾下题“原建于乾隆五十五年岁次庚戌”。

③ “四清”是指1963年至1966年，中共中央在全国城乡开展的社会主义教育运动。运动的内容，一开始是在农村中“清工分，清账目，清仓库，清财物”，后期在城乡中表现为“清思想，清政治，清组织，清经济”，在城市中则是“反贪污行贿，反投机倒把，反铺张浪费，反分散主义”。运动期间，中央领导亲自挂帅，数百万干部下乡下厂，开展革命。

第二节　村名的由来

九溪是明代屯军之地，明军驻扎的地方，都留有带军事性质的地名，如屯、堡、旗、关、哨、所等。屯军眷属到九溪[①]永久定居而开发九溪之初，把定居点叫作“大堡”，随后由于第二次南征，到九溪定居的人户增多，大堡容纳不了，就另外发展，后来者的居住地[②]就称“小堡”。之后，移民陆续涌来，则由两处延伸向后扩展（称为“后街”）[③]，并逐渐形成三大街，这时的九溪已是百户以上的村寨了。乃至中间街道形成后，村名“九溪”便自然形成。经笔者走访年过古稀的朱仲明、高德昌两位老人，与之座谈知道[④]：据先辈们传述，九溪村名至少经过明代八个皇帝，经考证，约在公元1457年即明英宗天顺年代形成，这时距九溪开发近八十年了。

九溪村名是那时一些文人秀士经过一番思考而取的，称为“九溪坝”（过去误叫九其坝）[⑤]。村中一些人都知九溪系九河汇集而成，但究竟是哪九条溪水，鲜为人知。笔者为理清九条溪水来历，查阅了《安顺府志·安顺志》中的有关记载，终于查清了九条溪水的真实情况。九溪河源头上有二官大井、清凉洞、仁岗屯之野鸭塘等处，流经水桥、郑家屯归入三铺河（《府志》中称为中铺大桥），统称为一溪也；鲍屯水流入，则为二溪；西陇水流入，为三溪；背陇、安庄水流经大西桥，为四溪；小寨水流入，为五溪；黑寨（今和桥）流入，为六溪；吉昌河水流经中所，入马场，为七溪；马场地下水流入，为八溪；鲊塘河洞内水流入，为九溪[⑥]。上述九条水经大龙潭伏流里许而归入九溪河。这就是“九溪”村名的来源。

---

① “九溪”后原衍“作为”二字，据文意删。

② “居住地”原作“发展”，据文意改。

③ 括号内文字为编注者所增。

④ 六字原作“座谈”，据文意补。

⑤ 咸丰《安顺府志》卷四：“九溪坝，在治东五十里。东界普定下九溪，南界镇宁高寨，西接竹林，北界普定鸡场屯。”旧属普定奠安里。

⑥ 此说未必确当，乾隆《贵州通志》虽曰“九溪汇而成河”，而据《辑稿》，其水多至十余条。古“九”字可表多数，如乾隆《贵州通志》曰“讨平九溪十八洞”、咸丰《安顺府志》曰“九溪八番之河，襟带于前”之类。

第三节 建置和隶属

明初建成的九溪，其建置和隶属无从可考。进入清代，据《安顺府志》《续修安顺府志·安顺志》以及《贵州地舆图说》记载：清康熙二十六年（1687），安顺府亲辖地共五起十四枝，六百零六寨，九溪属二起下城东十三寨之首，隶属奠安里（今安顺）。咸、同以后，九溪设有团保。民国初年，九溪为一团保，属东二区管辖，区设旧州，九溪为东二区十三寨之首。民国六年（1917），九溪向安顺县府呈报，自设独立保，直属县管辖。当时的保董为宋琴山，宋瑞徵主持寨务。民国十年（1921）起，九溪划分为两个独立保：一保保董杨寅仲，二保保董宋乙枝。保以下设甲，每甲为十户组成，设甲长一人，十五甲或二十甲为一保，九溪当时为 45 个甲。民国十九年（1930），九溪改为镇，设有青山乡，乡长顾致和，乡公所设在大堡汪公庙内，隶属东二区（区设二铺）。改保董为保长，一保保长宋怀先，二保保长杨寅仲。民国二十七年（1938），九溪改为新三联保，宋绍文首任联保主任，王震华为第二任联保主任。王震华在民国二十一年至二十二年（1932—1933）曾任青山乡第二任乡长。民国二十八年（1939）撤区并镇，重新划分建置，整编保甲。九溪设镇公所，宋绍文又任主任，王震华任副主任。民国二十九年（1940），主任为顾以仁，副主任为宋志贤。民国三十年（1941），九溪改为尚武乡，黄北星任乡长，宋志贤任副乡长，乡公所设在后街龙泉寺内。黄兼九溪小学校长。民国三十二年（1943）黄辞去乡长职务，宋绍文继任乡长，王震华为副乡长。民国三十四年（1945），宋绍文调安顺县政府后，由田国兴任乡长，冯德明任副乡长。民国三十七年（1948），宋德升任乡长，马积民[①]任副乡长。一保保长宋茂枝，二保保长黄云奎。临近新中国成立前夕，一保保长宋秉钧、二保保长朱华清。尚武乡公所十多年都设在后街龙泉寺内。

新中国成立后，1949 年 12 月至 1950 年 6 月，九溪建立了支前委员会，县人民政府派赵东昭来九溪工作，指定原尚武乡副乡长马积民担任支委会主

---

① “民”字原误“明”，据下文改。

任。1950 年 2 月后的一段时间，因匪乱而处于僵持阶段，马积民因阳奉阴违遭镇压。1950 年秋季匪患平定后，即组建农民协会，首任农协会主席张亮云，后因家庭成分偏高，予以撤换，村长汪亮云也同时被撤，改为朱华清任农协主席，高志明任村长，宋德容任副村长。1951 年，九溪划为行政村，隶属七区（区设大西桥），朱华清仍任农协主席，罗绍先任副主席。1951 年 5 月，朱华清在一次会后因用枪走火打死袁姓一小孩而被撤职，改由张兴华任农协主席，村长仍由高志明担任，副村长宋德容已外出工作，分在思南县供销合作社。

1951 年 11 月，成立了九溪乡人民政府，下属九溪、下九溪（包括老青山、小白岩）、新寨（包括上下潦车、石坝）三个行政村。首任乡长王仲华（苗族，小白岩人）、副乡长黄国桃。1952 年 10 月，黄调任[①]安顺县人民法院刑庭庭长和法院副院长后，由鲍精学（鲍屯人）任副乡长。

1951 年 10 月，九溪建立了供销社分销店，陈先珍（女）为该店的首任负责人。1954 年 3 月，又建立了信用合作社，理事主任朱仲华，会计朱成明。后因扩乡而并入马场乡信用社。

1957 年 10 月，将原九溪、中所两乡撤掉并组建马场乡（乡设马场）。首任乡长欧明珍（女），副乡长宋德安，九溪隶属马场乡，领导管理达四十多年。

1954 年，九溪行政村的建置由农业生产合作社取而代之。当时九溪组建了两个初级社，一社主任宋兴家，二社主任梁秀珍（女），隶属不变。

1956 年 5 月，两个初级社合并组成为一个高级农业生产合作社，全村划为 34 个生产小组，主任梁秀珍（女）。

1958 年 10 月，原大西桥区与二铺区合并为一个人民公社，马场乡改名为管理区。原高级社改为生产大队，将原生产小组改为生产小队。大队长黎荣昌，副大队长全志昌，党支部书记梁秀珍（女）。隶属马场管理区。

1962 年，根据中央指示，将原人民公社改为区，管理区改为人民公社，实行政社合一。九溪隶属马场人民公社。

---

① “任”字原脱，据文意补。

1965年12月至1966年7月，九溪经过“四清”运动，又将原来的34个生产小组合并组成为14个生产小队。这一变更，延续近二十年。1985年，随着农业体制改革的深入，将原来的大队改为村民委员会，生产小队改为村民小组。通过选举，选举朱发昌为九溪村委会主任。“四清”后的村党支部书记为朱正忠。

1989年4月，九溪村贯彻实施《村民委员会组织法（试行）》，换届选举，选出新的村委会主任顾之炎，副主任顾光彦。1991年6月，顾之炎调马场乡政府后，张文顺继任主任，朱正忠仍任党支部书记。

1991年12月，撤区并镇，撤马场乡并入大西桥镇。九溪属大西桥镇管理。

1995年12月，村委会换届选举，选出朱华昌为第三届村委会主任。张文顺任党支部书记。

1999年1月至3月，九溪村进行第四届村委会换届选举，选出新的村委会主任张中喜，村党支部书记为顾之炎。

第三章　姓氏与人口

第一节　姓　氏

“征南”和“填南”使九溪姓氏与人口逐渐增多。先后来九溪定居的三十多个姓氏，多在洪武年间，明末清初乃至民国时期先后迁入的有二十多个氏姓，新中国成立后迁入者为数不多。

九溪迎春会场景　李立洪　摄

随着时间的推移，几个世纪以来，姓氏也发生很大变化，开辟九溪的十大姓中，洪、童、吕三个姓氏，至今已无一户。清末时洪姓中尚有洪要先一人，也不知迁居何地。童姓消失更早，难以查清。民国三十年（1941），吕姓仅有吕元勋一人，经查证，已至平坝天龙镇招亲。洪、童、吕三个姓氏在九溪消失多年。姚姓几百年来人丁不发迹，虽有几户，但多接外姓子上门承顶宗祧。朱姓在历史长河中，虽经天灾人祸，但后裔繁衍，是十姓中人丁最兴旺的[①]，在五十多个姓氏中位居第三。百户以上的姓氏，有宋、张两姓。宋姓同祖共宗，为一始祖；张姓同姓不同[②]宗，有四个始祖。黄、陈两姓也较为发迹，但每姓也不足四十家。但黄姓迁入安顺者不少，宋姓也有少数迁入安顺。顾、杨、马、王四个姓氏，每姓约三十多家；徐、田、余、安、邓、向、汪、郑、苏、邹、高、全、肖、凌、金、方、牟、支、何、李、翟、沈、范、赵、涂、鲍、薛、饶等二十八个姓氏，每个氏姓不过七八家或三五家不等；十户以上的有谭、钟、刘、冯、黎、雷、袁七个姓氏，其中冯姓多迁于下九村，成为旺族。代、吴[③]姓更少。

九溪以汉族为主，明初前在此居住的三十多家土著（青苗族），多数都迁居苗寨，现有陈、张两姓后裔，几百年来，风俗习惯与汉族无异，汉苗早已通婚。据《续修安顺府志·安顺志》载：民国二十七年（1938）住有花苗族三十家，一百三十口人[④]。但考证下来，九溪土著实为青苗族，花苗族系从邻近苗村迁入（查证结果，曾住过水碾上）。现只有杨姓一家，但已同化于汉族。

九溪诸姓始祖入黔，考证如下：

顾姓：原籍湖南湘潭[⑤]。明洪武八年（1375），始祖顾成为傅友德前锋，克普定，晋封普定卫（今安顺）指挥使。建文四年（1402）十月，论功封镇远侯，遂卜居安顺顾府街。

---

① 此下原衍“清末也出了些文人秀士”十字，与上下文不属，今删。

② “同”字原阙，据文意补。下同。

③ “吴”下原有“沈”字。上文已列沈姓在二十八姓之列，故删。

④ 花苗杂处九溪坝者20户、人口136人，并见《续修安顺府志》（卷十八）及《辑稿》（卷八）。此处数字有误。

⑤ 《续修安顺府志》卷四《氏族志》：“原籍江南扬州府江都县。”又曰：“城内及附郭共百户有奇，南乡右卯八十余户，东乡九溪坝五六十户，右约寨、范家大桥、袁家屯、大洞口、花椒园等处约七十户。”《辑稿》另著有居贵阳、威宁、云南者。

宋姓：原籍南京应天府花柳巷。明洪武十四年（1381），始祖宋忠奉命征南入黔。论功封武略将军，卜居安顺。

朱姓：原籍安徽凤阳，始祖朱元正，于明洪武十四年（1381）奉命征南入黔，是开辟九溪十姓之一。

张姓：九溪张姓共有四支，其原籍和始祖各不相同，分为四个同姓不同宗的支派：

1. 原籍清河郡，始祖张眉，入黔时间不详。

2. 始祖张建，原籍和入黔时间不详。

3. 始祖张敬生，原籍和入黔时间不详。

4. 原籍安徽凤阳府临淮县。洪武五年（1372），始祖张义奉命随师征南，屡建功勋，署指挥使。洪武十四年（1381）加佥事，留守普定（今安顺），遂卜居安顺。该支系从夏官屯迁入[①]。

王姓：原籍江西太原洙四巷。始祖王崇德，填南入黔，先居安顺。清初分为三大支：一支迁镇宁丁旗；一支迁入九溪；一支迁盘县（王氏家谱记载）[②]。

高姓：原籍南京高家院洙四巷。始祖高蔡牛，于洪武十四年（1381）奉调征南入黔。

徐姓：原籍江苏东海县。始祖徐文刚，清嘉庆年间经商入黔。

谭姓：原籍四川彭水干沟鸡场。始祖谭义武，于洪武二十二年（1389）

---

① 《辑稿》卷六："夏官屯张氏，族众以聚居于安顺夏官屯者为多，原籍安徽凤阳府临淮县。明洪武五年，其始迁祖张义，随卫国公邓奉旨征南，屡建奇勋，署指挥事；十四年加都总佥事，并留守普定卫，遂占籍安郡。"又曰："安郡张姓有夏官屯张氏、定南张氏、十三旗张氏、马武张氏、天津张氏、白崖张氏、平庄张氏、华原张氏等数派。"

② 《辑稿》卷六："安郡王姓有石板房王氏、交椅王氏、蔡官屯王氏、文昌王氏、永兴王氏、龙井王氏等数派。"又曰："石板房王氏，族众多聚居于安顺之石板房，原籍江南江宁府拾珠巷掛牌楼剪刀街。明洪武时其始迁祖王大禄、王大绶兄弟职授指挥将军，统兵入黔。""交椅王氏，族众多聚居于普定之交椅，原籍江南江宁府石灰巷。明洪武时其始迁祖王嘉臣以调北征南授指挥之职，统军入黔，后封为镇国将军。"◎"洙四"或即"拾珠""猪屎"之讹，土语土音，容有不同，姑仍之。

填南入黔[①]。

黎姓：原籍江西吉安府。始祖黎玉德，于洪武二十二年（1389）填南入黔。

袁姓：原籍不详。始祖袁再兴，于洪武二十二年（1389）填南入黔。

邓姓：原籍湖北南阳。始祖邓福元，于洪武十四年（1381）奉调征南入黔。

翟姓：原籍不详。始祖翟宏道，于洪武二十二年（1389）填南入黔。

鲍姓：原籍江南徽州府歙县新安卫唐越村太和舍[②]。洪武二年（1369），始祖鲍福宝，奉调征南入黔，论功封振武将军，居永安屯（今鲍屯）。

金姓：原籍江南应天府。始祖金益枝，于洪武二年（1369）奉调征南入黔。

赵姓：原籍江南太平府当涂县二十一都。始祖赵兴旺，于洪武十四年（1381）奉调征南入黔[③]。

李姓：原籍湖北，元时寄籍江西。乾隆初年（1736），始祖李胜，以钦赐花翎，特授思南营游击，入黔[④]。

肖姓：原籍江西吉安府吉安县。始祖肖授，于洪武十四年（1381）奉调征南入黔，论功封武略将军，卜居平坝[⑤]。

---

① 《续修安顺府志》："谭姓原籍不详，系于明洪武时调北填南来黔。"

② 《辑稿》卷六："安郡鲍氏，原籍江南徽州府歙县新安卫唐越村太和舍。明洪武二年，其始迁祖鲍福宝，因调北征南而入黔，诰封为振威将军，卜居安顺之永安屯，即今鲍家屯也。"◎"卫唐越村"四字原误"越树"，据改。下文"振武"当作"振威"，姑存旧貌。

③ 《辑稿》卷六："安顺赵氏，原籍江南太平府当涂县二十一都，明洪武时其始迁祖赵兴旺以都司统兵来黔，于十四年抵安。"◎"都"字原作"部"，据改。

④ 《辑稿》卷六："安郡李姓有丁旗堡李氏、府门口李氏、镇宁李氏、昌河李氏等数派。""府门口李氏，原籍湖北，元时寄籍江西。至乾隆初年，其始迁祖李胜，廼以钦赐花翎，特授思南营游击，因以入黔。"又曰："族众现多聚居于云南昭通蓝田县，计约五十余户，留居安顺者仅府门口与东街荣庆店二家。"

⑤ 《辑稿》卷六："族众多聚居于安平之二官寨、天马、萧家庄等处，共约数百户，亦安平之大姓也。俗尚勤俭，大多业农；茶叶为其特产，余则兼营工商业，且男女一体工作，无坐食倚赖之弊。"

何姓：原籍江南江宁府上元县石灰巷。始祖何其林，于洪武二十二年（1389）填南入黔。

汪姓：原籍江南徽州府立县[①]梅林街。始祖汪灿，于洪武十四年（1381）奉调征南入黔。

牟姓：原籍山东平阳莱州府掖县。始祖牟世荣，于洪武二年（1369）奉调征南入黔。

沈姓：原籍江南。始祖沈思禹，于洪武二年（1369）奉调任安庄卫指挥使，入黔[②]。

范姓：原籍湖南常德县范家湾洙四巷晒谷坪。始祖范文龙，于洪武二十二年（1389）填南入黔。

黄姓：原籍江夏。始祖黄金山，于洪武十四年（1381）奉调征南入黔，卜居安顺[③]。四世祖黄文选，由安顺迁入九溪。

陈姓：原籍江西石灰巷。始祖陈良元，于洪武十四年（1381）奉调征南入黔。另一支陈姓，原籍江西石灰巷。始祖陈和云，于明洪武二十二年（1389）填南入黔[④]。

---

① “立县”疑“黟县”之误。古徽州府辖六县，即歙县、黟县、休宁、婺源、绩溪、祁门，不闻有“立县”。

② 《辑稿》卷六：“安郡沈氏，原籍江南。明时，其始迁祖沈思禹任安庄卫指挥，因以入黔。”据补“卫”字。

③ 《辑稿》卷六：“平原黄氏，基本住所在平坝，其族谱命名为平原黄氏。原籍江夏，出居江西抚州府临江县，再迁湖南长沙府浏阳县。明正德七年，其始迁祖黄占魁以千户职随征进趋黔省，殄灭流寇，乃择居平坝。咸丰间一小部分由平坝迁入郡城避难，自是一部分居安顺、镇宁等属。”

④ 《辑稿》卷六：“安郡陈姓有幺铺陈氏、黔南陈氏、欢喜岭陈氏、天龙陈氏、太平陈氏等数派。”“幺铺陈氏，原籍江南应天府石灰巷。其始迁祖陈再兴，于明洪武十年以连政大夫奉调入黔，遂寄居于幺铺。”“黔南陈氏，基本住所在安平南区白云乡，其族谱命名曰黔南陈氏，原籍江南扬州府都县太平桥剪刀巷。其始迁祖陈旺，于明洪武十六年随平坝卫指挥进征云南有功，敕授昭信校尉；洪武十八年奉旨准以年老致仕，恩赐平坝卫左所百户，子孙世袭其职。”《续修安顺府志》卷四《氏族志》载有和绍寨陈氏，始祖陈信（伯义），专业石灰。后迁居繁花、贵阳等地。

胡姓：原籍安徽歙县徽州府安定郡饭坑十五都[①]。始祖胡宗文，于洪武十四年（1381）奉调征南入黔，论功封征南将军。

田姓：原籍江西。始祖田文秀，于洪武十四年（1381）奉调征南入黔。

邹姓：原籍江西。始祖邹王宝，于洪武二十一年（1388）奉调征南入黔。

郑姓：原籍河南荥阳府。始祖郑洪佐，于洪武十四年（1381）奉调征南入黔。

凌姓：原籍江西河间府。始祖凌国尧，于洪武十四年（1381）奉调征南入黔。

杨姓：原籍江南。始祖杨彦清，宦游湘南，洪武二十二年（1388）填南入黔[②]。

吴姓：原籍江苏无锡。始祖吴起龙，于洪武十四年（1381）奉调征南入黔[③]。

钟姓：原籍四川。始祖钟大吉，于洪武十四（1381）奉调征南入黔。

雷姓：原籍江西。始祖雷隆，于洪武十四年（1381）奉调征南入黔。原居雷屯，清初迁入九溪。

全姓：原籍江西抚州府临川[④]县。始祖全光华，于明洪武十四年

---

① 此句原稿如此，必有疑误。◎《辑稿》卷六："添王胡氏，族众多住于安顺之添王旗。原籍江南徽州府歙县。其始迁祖于明洪武时入黔，至顺治初卸官来安。"又曰："归化胡氏，族众多住于归化厅。原籍江南江宁府石灰巷，有明中叶移居江西临川县。传至崇祯初年，其始迁祖以副将指挥统兵入黔，平定苗变，驻防安顺，居家于顾府街。明鼎革后移居归化。"

② 《辑稿》卷六："大山杨氏，族众以住居安顺大山、本寨等处者为多。原籍江南，明洪武时其始迁祖杨彦清宦游湘省，后因调北填南，复迁贵州安顺府城。"又曰："族众以住居安顺属之大山、本寨等处者为多，共有百余户；次则住居老帮寨、九溪坝、三堡，及大定属之白泥屯、普定属之桐子冲等处者各约三十余户；其余住居郡城、云山屯、小洞口、詹家屯，及兴义之黄草坝、镇宁州、安平县、贵阳县者各十余户至二十余户不等。全族合计共约四百三十余户，占籍安郡者约三百六十余户。"

③ 《辑稿》卷六载徽州吴氏，始祖吴大亨，寄居清镇，迁居一碗井、蔡官屯等处；杨家塘吴氏，原籍应天府上元县，始祖吴德润，卜居安顺南大街。

④ "临川"原误"临州"，据《抚州府志》改。

(1381) 征南入黔。

严姓：原籍不详。始祖严天保，于洪武六年（1373）奉调征南入黔[①]。

姚姓：（原稿缺）[②]

余姓：原籍江苏应天府，转移四川重庆府。始祖余山，明洪武十四年（1381）征南入黔，是开辟九溪十大姓之一。

梁姓：（原稿缺）

向姓：（原稿缺）

戴姓：（原稿缺）

苏姓：原籍江苏南京。始祖苏明辅，于明洪武十四年（1381）奉调征南入黔。

支姓：（原稿缺）

薛姓：（原稿缺）

涂姓：（原稿缺）

饶姓：（原稿缺）

马姓：原籍江西吉安府庐陵县小桥头马家村。始祖马瓖（又名马文章），于洪武十四年（1381）奉调征南入黔。

冯姓：原籍南京应天府石灰巷。始祖冯友先，官至指挥使，洪武十四年（1381）奉调征南入黔。

安姓：（原稿缺）

董姓：原籍江西省班部县石灰巷高坝子。始祖董成，洪武十四年（1381）奉调征南入黔[③]。

毛姓：（原稿缺）

聂姓：（原稿缺）

---

① 据坡上园严氏家谱，始祖严福森，洪武六年奉命征南入黔。

② 原稿仅有“姚姓”二字，不便标点，因注“原稿缺”三字。下同。近闻第八稿重出，不得见，不知补齐否。

③ 《辑稿》卷六：“安郡董氏，原籍陕西西安府咸阳县。明洪武时，其始迁祖董成任指挥之职，统师入黔，寄居安顺。”◎“班部县”，原稿如此，疑即“安福县”音讹，属吉安府。

第二节　人　口

洪武二十二年（1389）开始的大量移民，充实西南地区，来九溪定居的移民也随之增多。加之战乱平定，明军中一部分转为当地居民等因素，九溪人户的发展更为突出。据村内一些年老人传述，至明朝末年，九溪是一个很大的村寨了。清康熙年代，人丁更为兴旺。据古稀老人朱仲明口述：他清楚地记得并亲眼看到后街龙泉寺内立有一块石碑，记载有九溪的历史。清康熙二十二年（1683），九溪有一千二百零三户，五千七百一十口人。自康熙至咸同的二百年间，是九溪人口发展的鼎盛时期，户近两千，人口八千之众。其中朱姓一族，于洪武初年先于九溪安居，人户繁衍至[①]二百多户，人口一千余，是大姓中极盛的旺族。至同治初年，全村遭受严重的战乱，朱姓一族损失尤为惨重，人丁大伤。《续修安顺府志·安顺志》载："同治二年（1863）二月十四日，许大八部由安平（今平坝）至乐平，四乡失陷坉、洞，指不胜屈。""九溪村朱姓合族守狗爬岩坉，坉破时，数十户死亡殆尽。""后街村民则躲于晓礼坉内，虽有城墙可阻，但坉上人多，又缺水，只有捐金，始得免。"[②] 今日大堡一带，尚存昔年残垣废墟遗址。朱姓中一些年高老人叙述上辈传述昔年本族灾难往事说："狗爬岩坉攻破时，全族仅幸存一人，为朱姓十世祖朱学伦。他在绝望中从数丈高岩上跳下去，当即晕死，过了许久才苏醒过来。为保命，一气跑至后坝关口（地名，离村二公里），庆幸脱离险境。此时一身疲乏，坐下休息，待心稍平静时，脚下一阵剧痛，低头一看，方知脚皮擦掉一块，当时因顾命而不知，这时心情稳定，剧痛又晕过去，幸得本村躲乱之人路见，救回家中。"一百多年来，朱姓仍不失旺族，乃老人之功德所至。

---

① "至"字原作"近"，据文意改。

② 《辑稿》卷十四："同治二年二月十四日，贼首许大八由安平至乐平，四乡失陷之坉、洞，指不胜曲。如石坝上与高寨守宋家洞，洞破时，死亡过半。九溪朱姓合族守狗扒岩坉，坉破时，数千户死亡几尽。小女坉与水坉捐金投贼，始得免。"◎"小女坉"本稿通作"晓礼屯"。

战乱给九溪人民的生命财产带来严重灾难，造成难以弥补的损失。劫后余生的村民，有的投亲靠友，有的远徙他方，一个旺盛大村，顿时显得凋零，门庭冷落，不寒而栗。清王朝覆灭，民国建立，村寨稍有转机。但至民国十四年（1925），又遇上百日大旱，禾苗枯死，粮价高涨，村民中以野菜、树皮充饥，饿殍者不少，出现了以小孩换粮度饥的悲惨景象。有粮者借机发难，幸时间短，村民方从苦难中煎熬出来。前清举人宋瑞徵老人，对当时情景写下一首诗，诗云："大难临头乙丑（牛）年，政府派款又增捐。尺童只换三升谷，斗米能值八块钱（银圆）。野菜充饥难度日，田禾干死断炊烟。祈求上苍施恻隐，拨开云雾见青天。"民国二十四年（1935）秋季某夜，大堡街道又遭了一场火灾，被火烧之家三十余户（全系茅草房），烧毁房屋七十余间，粮食万余斤，牛三头，猪十余只，幸人丁未伤。大火扑灭后，事后查明，放火者为王大娘，系鲍云州之老伴，因家事吵嘴，气愤之余，点火烧自己之房而使邻居遭殃。

九溪村远眺　李立洪　摄

经天灾人祸，夺取九溪不少人的生命。辛亥革命推倒了清王朝的统治，建立了中华民国，但在长期封建统治下，旧的传统观念极为浓厚。九溪交通闭塞，文化落后，人们习惯于逆来顺受，听天由命。偌大村寨，至民国二十七年（1938），才有个简陋卫生所，但缺医少药的情况仍十分严重。村民重病，医治不起；疑难怪病，久拖不医，只信请神退鬼。无钱医治之家，只好听天安命，坐以待毙，故那时死亡率较高。旧时九溪常见病如天花、霍乱、麻疹、大毛病（回归热）、疟疾（摆子）、疳疮等，屡见不鲜。至新中国成立时，全村只有487户，2300左右人口了。

新中国成立后，经过清匪、反霸、减租、退押和土地改革，实现了耕者有其田。但旧社会遗留下来的创伤，仍需时间恢复。分得土地的农民，生活仍处于贫困状态[①]。为消灭私有制残余，组织了最低级的生产互助组，并进入集体化道路。经过第一次全国人口普查，全村人口2800人。在五十年代末六十年代初那场天灾人祸的艰苦时期，生活很困难，甚至每天每人口粮只有三两七钱，因饥饿死亡者数百人。虽然党中央采取了一些经济措施，但农村情况仍十分严峻，全村人民在党的正确方针指引下，自力更生，终于渡过了难关。七十年代初，全村人口迅速增长，接近第一次全国普查人口水平。从这时起，为控制人口增长，党中央把计划生育工作列入基本国策，提倡晚婚晚育、优生优育，把计划生育纳入了各级领导议事日程，常抓不懈。由于不断宣传发动，这项基本国策已家喻户晓。村民提高了认识，克服了重男轻女和多子多福的旧传统观念。由于采取各种有效措施，九溪人口增长得到控制。从1971年至1980年的十年间，全村人口净增200人。随着计划生育的深入贯彻落实，1981年至1990年的十年，全村净增人口50人，比前个十年少生人口150人。至1991年底，全村共有890户，3760口人，未达到历史最高水平。

① “状态”二字原阙，据文意补。

第四章　政　治

明代以前，九溪尚属化外，元亡明立，“征南”和“填南”开辟了九溪，明至清乾隆时期，九溪政治情况无从考证。《续修安顺府志·安顺志》载：在清代，九溪人在外做官者有宋儒灏（字劭谷），官御史、广东盐运使、按察使司[①]。相传他曾是道光帝老师。戴文岚，官至知县，曾在云南大理为官多年，清正廉明。至光绪年代，九溪出了一些文人秀士，而鲜于从政，从事教育者居多[②]。民国时期，九溪尽管寨大人多，而无豪绅恶霸，寻根溯源，与九溪淳厚民风有关。明清乃至民国，村民均安分守己，勤于农事。只求不饥不寒，平安相处。有钱的明智之家不惜花钱供子弟读书，富裕之户则向村内外买些田土，每年可收二三十石租谷（每石为150公斤），在政治上有名望者区区可数。清代至民国时期的文人秀士为宋、戴、黄、王、高、顾、朱等几姓，均在外面为官。如黄国桢（字干民）曾任国民党贵州省党部主委，新中国成立后被镇压（后平反）。黄国权（字执中）任过江口县县长，一生主要从事教育工作，任安顺一中校长多年，新中国成立后调贵州省人民政府任教育厅副厅长。戴朗星，1948年左右任德江县县长。这些人离开九溪时间较长，从未过问家乡。民国二十年（1931）起，九溪成为乡镇政权所在地

---

① 咸丰《安顺府志》卷三六《宋劭谷传》：“先生讳劭谷，字鲁诒，一字式甫，号芸皋。……（道光）九年，授江南道御史。……二十年，升两广盐运使。……俄而上命为江苏按察使，因自愤未能讨英夷，有负圣恩，疾转剧，惟两手相摩曰：‘炼宝剑，杀鬼子！’大呼数声而卒。”◎“盐运使”原误“盐运史”，据改。“按察使司”即“提刑按察使司”，乃官署名而非官名，然《续修府志》卷七已如此说，作者取之，姑仍其旧。又宋初名儒灏，后更名劭穀，劭穀非字也。见《辑稿》卷四。

② “事”字、“居”字原阙，据文意补。

后，曾在乡镇中任过主任、正副乡长的有顾致和、王震华、宋绍文、顾以仁、宋志贤、黄北星、戴鑫全、宋德升、马积民等人。除宋绍文调出任过安顺县政府社会科长、晴隆县政府兵役科长外，其余数人卸任后，均[①]从事教育或经商。民国三十年夏季（1941），原国民党第五军200师的五九八团团部及两个直属连曾驻扎过九溪。团长郑庭笈驻扎在张德明老人家房子中。下属的两个连，一个[②]为输送连，连长石云耀，驻扎在宋达三先生的屋内；另一个炮兵连，连长张学魁，驻扎在宋金廷老人的家中，1942年春季始离开九溪。民国三十六年（1947），杨森任贵州省[③]政府主席时，允许社会上发展“哥老会”，俗叫“嗨袍哥”。九溪以宋绍文、顾以仁两人为代表，组织“仁”“义”两堂，吸收村内群众参加，扩展各自势力。一家人中则分别参加“仁”“义”两个组织。“袍哥”中的头人称之为“大爷”，势头不小。有这么几句话叫做“金盆打水，银盆开花，仁义两堂，本是一家”，虽说一家，有事各为其主。农民参加组织，目的是找靠山，平时无事，相安勿扰；碰到难事，找到“大爷”就能逢凶化吉。一时出现“袍哥热”，人们议论纷纷。民国三十七年（1948）五月，杨森调任重庆市市长后，谷正伦接任贵州省政府主席时下令取缔。

新中国成立后，1950年元月，大西桥区（七区）人民政府派赵东昭同志来九溪村组织指导工作。经过宣传发动，在后街龙泉寺内召开全村群众大会，组建九溪村农民协会，首任主席张亮云，副主席朱华清。同年二月二十一日（即农历庚寅年正月初五日）夜间，九溪村发生土匪暴动。就在这天晚上，一伙匪徒抢劫了村民张指南、张吉明、张吉恒、张星奎、陈有义、杨炳青等八家财物。参加抢劫者有宋光明、戴福炳、牟林才、刘少清、张绍武、邹吉伍、张志明、杨二发等。抢劫后，以刘绍清、张绍武为首的土匪又组织一小撮匪徒，极惨无人道地将村民王顺成夫妻及宋仲三、宋朱氏、朱盛安杀死，造成九溪极为恐慌状态。驻在区所在地的人民解放军及时进驻九溪，平

① “均”字原作“有”，据文意改。
② “一个”二字原缺，据文意补。
③ “省”字原脱，据文意补。

息了匪患，保护了全村人民生命财产的安全。经过清匪反霸工作，宋光明、戴福炳等这伙匪徒，被我人民解放军抓获。经全面查证核实，为了严厉打击这伙匪徒，分别由六区（即二铺区）、七区（大西桥区）两地人民法庭（区长兼法庭庭长），于两地分别召开公审大会，当众宣判其罪恶事实。牟林才、邹吉武在二铺执行处决；宋光明、刘绍清、张绍伍、杨二发、宋绍华（地主分子。与土匪勾结，通风报信[①]，收人民钱财支匪等事实），在大西桥执行枪决；戴福炳、张志明在马场执行处决。这伙匪徒不仅抢劫群众财物，而且还有血债。处决这伙匪徒，使全村人民生命财产有了极大安全感，为九溪村消除了隐患，是一件大快人心的好事，村民不再担惊受怕了。

1950年10月，安顺县人民政府派熊敏时来九溪开展当年征粮工作，本村宋修文、张星斗二人，由村农协会安排参加征粮任务，于1951年元月完成全村4.5万公斤公粮任务。七区人民政府（大西桥）派到九溪村来的工作组人员有赵东昭、余凤（女）、费萍（女）、张维曾、陈景先、梅宗乔等，常驻九溪。夜间召开群众大会，宣传党的有关方针、政策。除上述人员外，副区长焦道荣也经常到九溪开会。同时又派来武工队，队长田德怀，维持九溪地方治安秩序。田德怀调走后，又调齐学春任队长，直到土改结束才离开九溪。

1951年初，安顺县人民政府开办“农村土改培训班”，地址在安顺一中学校。九溪参加第一期培训的有宋修文、张星斗、宋金文（女）、宋德文（女）四人，学习一个月，三月份结束。张星斗、宋金文（女）、宋德文（女）结束后分在大西桥区政府工作。四月份又开办第二期培训，九溪村参加培训的有高志明、王厚福两人。培训期五月中旬结束，王厚福同志分配在幺铺区税务所工作。从五月份开始，在工作组具体指导下，组织有关人员二十多人，学习土改法和划分阶级成分的有关法规，半个月结束。与此同时，将人员按工作需要划分为五个小组，开展进行查田评产和自报公议[②]，并于

① “信”原作“讯”，据文意改。

② “议”字后原衍“的方法”三字，据文意删。二法为划分阶级成分的标准，故下列阶级成分及田土面积。

当年九月份完成全村土改任务。当时划分的阶级成分是：地主 18 户，耕地面积 809 亩，其中田 665 亩，土 144 亩；富农 18 户，耕地面积 390 亩，其中田 256 亩，土 134 亩；小土地出租 7 户，出租耕地面积 41 亩，其中田 27 亩，土 14 亩；富裕中农 9 户，占有耕地面积 106 亩。其中田 78 亩，土 28 亩；中农 112 户，耕地面积 804 亩，其中田 460 亩，土 344 亩；贫农 275 户，耕地面积 532 亩，其中田 235 亩，土 297 亩；雇农 48 户，都是地主或富农家的长工。讨田种地者达三百余家。

当时九溪土改由于人多田土少，地、富田土和小土地出租多数在外村，最后由会议研究决定，每人按稻谷一石（150 公斤）产量来分配土地。结合当时九溪村的实际情况，有部分从事经商和小手工业者又从这些户中扣除一部分人，不参与土地分配，全村共扣除了 297 人。在划分阶级成分时，凡出租大量土地，不参加劳动，依靠其出租收入为主要生活来源者，划为地主阶级。全村地主 18 户，占当时总户数的百分之三点六。

从 1952 年起，工作组在九溪男女青年中组织姊妹队、儿童团工作。有二十多个男女青年，在提高思想觉悟后，写出了入团申请，并站在毛主席像前宣誓加入共青团组织。在共青团和姊妹队组织带动下，积极宣传贯彻《婚姻法》，不少男女青年冲破旧婚姻制度的束缚，自由恋爱结婚。在援朝抗美时期，我村参加志愿军的同志有五人。1951 年 3 月，我村参加地干校学习的有宋世勋、宋兆民、宋鼎元、宋翰元、顾光盛、张学文等人，学习结束后，多数都分配在外县工作。1952 年 9 月，我村有宋修武、王厚安、张继贤三人，第一批有幸考取安顺师范学校读书。1955 年毕业后，宋修武分在普安教学，张继贤分在紫云教学，王厚安分在本市扬武教学。1959 年“大跃进”时期，我村受“高指标”“瞎指挥”影响，出现了十冬腊月栽南瓜，大搞深耕密植、大兵团作战等做法。更为严重的是，正值稻谷抢收季节，又抽调不少男女劳力至扬武、鸡场等地，支援大炼钢铁，造成应收的粮食而不能收进家中，乃至烂掉不少在田里，这是造成后来缺粮的主要原因。1966 年“四清”，接着的“文革”运动，出现了乱抄家和错捕人坐牢等情况，收去的物件又不是什么违禁之物，一直不退还给群众，在群众中造成不良影响。1978 年后，九溪村广大村民迎来改革开放的春风，农业实行联产承包责任制，激发了全体村民的生产积极性，生活逐步得到改善和提高。在解决温饱以后，正以极大热情向科技兴农迈进。全村在[①]政治、经济、文化、交通、教育、卫生[②]等方面发生了翻天覆地的变化，为创建物质文明和精神文明作出新的贡献。

① “在”字原误“从”，据文意改。

② “卫生”后原衍“事业”二字，据文意删，盖政治、教育等均所谓社会主义“事业”也。

第五章　经　济

第一节　农　业

九溪耕地分为水田、旱地两类。新中国成立前，水田生产稻谷，旱地以种苞谷为主①，杂以荞、麦、豆类、红稗、高粱、小米、薏子、土烟、葵花、洋芋、辣椒等。

九溪灌溉水渠　李立洪　摄

① 咸丰《安顺府志》卷十四："近年山土多种苞谷，旱者二月布种，六月即可收成，较之高粱、小米、豆，可早月余。安郡谚语谓'六月七月为青黄不接'，今青黄不接在二三月矣。盖以前山土未辟，所恃者田禾之成熟而已，六七月未熟，故谓之青黄不接。比年多种苞谷，贫民可以接济。"

九溪因人多地少，村人大都[①]半农半商，农忙务农，农闲经商。耕地中除少量为公众田外，均为私有。自给自足的农户约占那时总户数的百分之二十五。民国时期，富裕者中有自耕之家，有请长工耕作自己参加附带劳动之户，有农兼工商业者，有因缺劳力或田土较远小量出租者，讨田种地者有三百多家。每年秋收后，佃农向地主交租。其分成办法，主要是按常产和讨租时议定的比例[②]交租。讨田种地情况不同，有讨十亩八亩或者一坝的。小季不交租，每年只交大季；也不纳粮，秋收后按讨田地时议定三七、四六或五五分成。具体办法如三七分成是：如讨田一坝，议定每年秋收后以二十石常产计，则交给地主一十四石（过去用斗不用秤），佃户得六石。四六或五五分成的方法像三七分成一样，至于收多收少，那是佃户的事。佃户讨田地种时，都是熟人、本乡本土信得过的，才能讨得进来，也不交押金或无偿劳动，更不受到高利贷剥削。每年把应交地主的租谷交后，剩余粮食由佃户自己支配。新中国成立前，九溪的雇农实际上就是地主或富农家里的长工，终年在这些人的家里长年劳动，每年终，在[③]地主或富农家里领取一年议定的工价或者稻谷[④]为酬劳（如领钱，每年有六十元或百元不等，稻谷三石或四石不等，则为一年工价）。地主家每年供给雇农吃和穿，用也不从工价中扣除。贫农以自种自食为主，贫农之间也可互相换工。讨种田地，秋收后按议定分成方法如数交给地主。中农，一般之家主要劳力多，既不出租也不讨进，自己耕作，基本上能解决一家人一年的生活；富裕中农自有田土较多，也出租一小部分，在农忙季节忙不过来时，也有[⑤]花钱请一部分劳力帮忙抢种的情况。

九溪农户和各地一样，日出而作，日落而息。在操作上精耕细作。地里追肥，多以男女肩挑粪水进行薅追；田里多施黄草粪或青草粪。缺肥之家，则在田地里大种萝卜果或肥田草，以补田土中肥料之不足。田土多用牛耕，

① 四字原作“形成”，据文意改。
② “比例”二字原无，据文意补。
③ “在”字原作“由”，据文意改。
④ “稻谷”下原衍“多少”，据文意删。
⑤ “有”字原无，据文意补。

小块者人力挖取。田三犁三耙，地里薅追二至三次。

清道光以来，九溪开始种罂粟（俗称鸦片）；进入民国，普遍种植。那时九溪有烟馆三十余家，吸食鸦片者二百多人，男多女少。有些富裕户因吸食大烟而倾家荡产。民国二十六年（1937），中日战争爆发，国民党政府才下令禁种。但临近新中国成立前夕，村民又乘混乱之际种了一年。新中国成立后，为肃清其毒害，人民政府严令禁种禁吸而断绝。

几个世纪以来，九溪农业比较单一，因循守旧。每年秋收后，水源较好的，都翻犁泡烂而不种植；望天落雨田，翻犁炕冬也不种。地里在种苞谷时，喜套种黄豆、四季豆、葵花、高粱、小米等作物；地埂周围大都种上茶树以稳固之[①]。家家户户普种辣椒，村民每餐必备。有的人家每年可收干辣椒百斤以上，二三十斤的比较普遍。近园近圃多种蔬菜，如南瓜、青白菜、菠菜、厚皮菜、豌豆、蚕豆、萝卜、莲花白等，自食有余，挑至市场出售。

九溪村自明代成祖时期，已普种茶叶[②]。茶树大都栽于地埂或中间（分厢），既可作为一种地界标识，也可拦堵水土流失，还可增加经济收入[③]。但茶树种下之后，薅追管理不大重视，任其生长，从不修枝剪丫；有了收益，也不过在茶树脚下薅除杂草，从不追肥，更不懂得科学种茶和管理。有的茶树数年后竟长成大茶树了，采茶时，还要攀登树枝方可采摘。据村内一些老人口述：九溪不是产茶之地，面积也不过三四百亩，且零星分散。每亩年产干茶不过数十斤，全村产四五万市斤毛茶（包括春夏茶）。那时茶叶不太值钱，而采茶季节性强，春茶采摘期正是苞谷播种的忙季，茶叶多的人家，人手忙不过来，只得花钱请邻近无茶村寨的妇女帮助采茶。一户茶农多的要雇请十几人，少者五六人，日供三餐，白日采茶，夜间制茶。加工方法极为简便，将生叶放入大铁锅内猛火炒熟，取出后放置于石板上或簸箕内，

① “树以稳固之”原作“叶作保护土埂稳固”，据文意改。

② 刘祖宪道光《安平县志》卷四：“安郡四乡及安平所属，近多种茶。其嫩芽如雀舌者，于谷雨前采之。”又咸丰《安顺府志》卷十七：“茶，俗名丛茶。谷雨前采者名毛尖，色味俱佳。多出鸡场屯、狗场屯。采时，大水桥有茶市。”则明成祖时（1403—1424）似觉过早，聊备一说。

③ 此句略有调整。

用双手反复揉捻成条。次日，将揉捻好之茶抖晒于竹筛或晒布上面，晒干后收藏，称之为“青毛茶”。清明前采的谓之“未明茶”，细叶尖有灰毛者称之为“毛尖细茶”。毛尖细茶大都用于出售或作送亲友之礼品，村民多吃粗茶。茶多之家[①]，年可收干茶数百斤以上，少者数十斤，但无茶之家也不在少数。

新中国成立后，经过土地改革，无地和少地的农民都分到了土地，可种茶叶了。不久，农业实现集体化，茶叶归集体经营，初步改变了制茶方法。县农业部门成立了茶叶技术推广站，进行茶叶生产和制作指导。初期在九溪试制红茶，将采摘下树的茶叶萎凋后，再用人工揉捻，放置于竹笼上，用木炭烧烤。生产效率低，花工多、投资大，经济效益不高，故推广不开而停产。自1953年起，改为炒青茶，生产量增大，易于加工制作，花工少、效益高，群众乐意接受。产出之炒青茶全由供销部门收购，价格也随之提高。但集体经营茶叶，管理不善，采摘时图数量而不注重茶树保护，加上茶园老化，产量大幅度下降。茶叶归集体后，村民得花钱买茶吃了。1968年，大队遵照毛主席“以后山坡上要多多开辟茶园”的指示[②]，组织全村劳力在塔山上开荒，垒成梯土，大种茶叶，总面积400亩。几年后，由于实行科学种植和管理，很快取得了效益，成为大队一项可观的经济收入，年收入达五六万元。继后，随着农业体制的改革，无专人管理，茶叶产量逐年下降，收入也相对减少。从九十年代起，实行专人承包，每年收入为二万元，集体收入只有几千元，茶叶总产量仍未恢复到原有的水平。

九溪长期以来，无成片果林，少数条件好之家，在房屋周围种上数株果树，如李、梨、桃、杏、花红[③]、樱桃等，也不过几家，果树也非良种。民国三十二年（1943），有张海清、张海臣两户，分别在青菜坡、仡佬五两地种了数百株川桃树，经过几年精心管理，取得很好的效益，收入颇丰。后因

---

① 原作“茶叶多者之家”。

② 1958年9月16日，毛泽东在视察安徽舒茶人民公社时，发出“以后山坡上要多多开辟茶园”的号召。

③ 咸丰《安顺府志》卷十七：“花红即柰树，如西府海棠。实间红白色，故名。有名叶里藏者，其味更美。”

两位老人年高，子女劝导回家休养，因无人管理，全部损失。

1962年，大队曾组织劳力，在塔山、狗爬岩一带，营造了100多亩经济林，栽苹果梨、苹果树、新疆核桃、漆树、温州蜜橘、桃树、梨树以及从阿尔巴尼亚引进的油橄榄等，种后多已成活，如果加强管理，是一笔巨大收益。由于只种不管，也未采取有效措施，而未发挥效益，时间不久，在人为和牛马等践踏下，全部损失殆尽。

九溪农业耕作工具，比较原始，多年以来，沿袭传统，老一套工具至今仍在使用。

耕作用具：木犁、木耙、钉耙、锄头等；施肥用具：撮箕、粪箕、粪桶、粪提、粪瓢等；灌溉用具：水车、摇车、戽兜[①]等；收割用具：镰刀、挞斗、刮耙、风簸等；运输用具：扁担、箩筐、口袋、驮马等。

值得一提的是摇车[②]。清代和民国时期，都使用这种提水工具，但受条件限制，水源差的地方都不能使用，九溪河坝头上也仅有一部。民国时期能制作摇车者，只有木工胡丙奎。笔者幼时曾看见过。摇车形状如伞，以木为轮，轮周斜缚竹筒多个，用竹篾编串成圆体，架于流水处，或拦沟筑堰于近田岸，一端留一出口，放置流水处，利用水冲力旋转其轮，筒内之水，自然流进木槽或石沟内，再淌入田中，昼夜不歇。

九溪多年来所种水稻，品种分为粘、糯两大类。粘谷有大小油粘、早六

---

① “戽兜”当作“戽斗”。明徐光启《农政全书》卷十七：“戽斗，挹水器也。……凡水岸稍下不容置车，当旱之际，乃用戽斗。控以双绠，两人掣之，抒水上岸，以溉田稼。其斗或柳筲，或木罂，从所便也。”

② 此处所述，当系水转筒车，今仍有用者。徐光启《农政全书》卷十七：“筒车，流水筒轮。凡制此车，先视岸之高下，可用轮之大小，须要轮高于岸，筒贮于槽，方为得法。其车之所在，自上流排作石仓，斜擗水势，急凑筒轮。其轮就轴作毂，轴之两旁阁于桩柱山口之内，轮轴之间除受水板外，又作木圈缚绕轮上，就系竹筒或木筒（原注：谓小轮则用竹筒，大轮则用木筒）于轮之一周。水激转轮，众筒兜水次第倾于岸上所横木槽，谓之天池。以灌田稻，日夜不息，绝胜人力。若水力稍缓，亦有木石制为陂栅，横约溪流，旁出激轮，又省工费。或遇流水狭处，但垒石敛水凑之，亦为便易。此筒车大小之体用也，有流水处俱可置此，但恐他境之民未始经见，不知制度，今列为图谱，使仿效通用，则人无灌溉之劳，田有常熟之利，轮之功也。”另有高转筒车、驴转筒车等。

粘、白油粘、红油粘、紫杆粘、青杆粘、高粘、大白粘、落壳粘、金包银、岩谷等十多个老品种；糯谷有黄香糯、白香糯、棉花糯、老鸹糯、矮糯、高糯、鹅蛋糯、半边糯、岩尖糯等十来个品种①。在种植上经常更换，对不易倒伏品种尤为喜爱。

新中国成立后，九溪农业由个体经济转为集体生产。经历了二十多年的农业集体化，农业生产徘徊不前，温饱问题始终未得到解决。党的十一届三中全会后，农业体制改革，实行家庭联产承包责任制，激发了广大村民的生产热情，劳动积极性空前高涨。正如邓小平同志所指示的："要解放生产力，发展生产力。"事实确实如此，在短短的时间内，逐步解决了温饱问题，一部分人率先富裕起来，生产形势逐年向好，收入逐年增加。广大村民舍得花钱投入，科学种田、增施化肥、推广优良品种成为自觉的要求，结束了多年来"大锅饭"时期"吃粮靠返销，用钱靠贷款"的日子。

1989 年，全村实有耕地面积为 2968 亩，人均不到一亩。1982 年实行承包责任制后，粮食生产迅速增长，至 1997 年，总产量 1012750 公斤，其增长幅度为百分之六左右。通过电影、电视宣传，提高了农民对科技兴农的认识，自觉地推行合理密植、牵绳插秧、薄膜育秧等新技术，优良品种大量推广使用。最显著突出的是大种经济作物——油菜——已超过历史最高水平。人们经常议论：过去一个生产队竟完不成国家分配二三百斤油菜籽任务，只得向市场调价购买来完成，现在一家的油菜籽就大大超过那时生产队交售计划好几倍。全村粗略估计，每年生产油菜籽 30 万至 40 万公斤。过去的泡烂田、炕冬田都栽种了油菜。水稻老品种已完全淘汰，新水稻品种如"五百粒""湘东""台中一号""相思""桂潮二号"等杂交水稻已陆续种植。现在

① 咸丰《安顺府志》卷十七："黏谷有大油黏、小油黏，又名芦黏，熟早他黏。又有高黏，有麻黏，有补纳黏，白壳红粒。有白油黏，白壳白粒。有金包银，黄壳白粒。诸黏谷惟油黏为上，金包银最下。"又曰："糯谷，性芳色白，可为酒为饧为茶食等物。有黄香糯，壳黄气香。白香糯，壳白气亦香。杉木红，壳红米白。此三种，诸作皆宜。棉花糯宜为茶食，不宜为酒为饧。老鸦糯又名冷水糯，凡田受冷水者种之，壳黑粒赤，只可为酒。又有金钗糯，俗名尖担糯，粒大而长，最宜茶食。矮子糯，熟先他糯，惟新稍适用，陈则百用不宜。岩尖糯，性硬，糯谷之最下者。"

又积极推广种植早稻、中稻、晚三和晚稻等，已为广大农户接受。间作套种也有改进和发展，如地里套种花生、萝卜、薯类等，化肥需用量更大。由于政策稳定，农民舍得在土地上投资，积极使用尿素、碳铵、磷肥、复合肥、钾肥等，尝到了科学种田和施用化肥的甜头。八十年代末九十年代初，一些富裕之家购进了耕田机58部，解除了缺牛之家的后顾之忧。

电力灌溉使百分之六十左右农田用水得到解决，全村个人购置各种小型抽水机68部，对边远农田保证了及时抽水适时栽插。秋收时仍使用镰刀，只要天气凑巧，一星期左右，大部分水稻即可割倒收净；离村较远之田，天气好，则采取上午割下午收的方法。交通方便的地方，都用马车、盘式拖车、汽车等，当天可将割倒的稻谷收净回家。有的农户为了抢时间，连草带谷运回家中脱粒。

第二节　林　业

九溪自然环境得天独厚，过去，村寨附近的山坡，林木葱茏，古树参天，林木覆盖率特高。随着九溪村寨的发展，近村山上的树木，为村民建房烧柴伐用。明代一段时期，村民多伐木取暖作食。此后开辟煤源，有钱之家可买煤烧，而贫困者无钱，仍然烧柴。随着人口的增长，林木砍伐后留下的荒芜土地，村民放火烧其荆棘，开垦种上农作物，林木覆盖率逐年大减。进入清代，烧煤之家较为普遍，无钱之家可以出力至煤厂挖取分煤，除自烧外，也可卖出一部分维持生计。但制糖、煮酒、推豆腐之家还是使用木柴，因其价廉①，故多用之。在烧柴、建房并用之下，近村山坡林木越伐越少，原始森林面目已不存在。民国时期，有宋、黄、朱、顾等姓私人林木千余亩，多为楸、杉、白杨、化槁、茨楸等。

新中国成立后，这些私人林木都收归集体所有。在六十年代中期，大队组织全村劳力在塔山、老青山、狗爬岩等处，营造林木800余亩，经过数年封山育林，种植的杉木已成为有用之材。大队于七十年代初，分批间伐一部分，作价售给村内外群众，并将售树这笔钱办了一些公益事业，如整修全村

① “其价廉”三字，原作“经济价值低”，据文意改。

主要街道、兴建九溪小学、建修水力发电站、电灌站、农机通道、水泥大桥等。近些年来，一些农户利用房屋周围空地或自留地，种上许多梧桐树。此树易栽易活，成长快，六七年即可成为用材，既绿化村寨环境，又可增加经济收入，实为一举两得。

第三节　牧　业

九溪村牧畜[①]主要为牛、马两类，养马多于养牛，反映了九溪半农半商的特点。九溪的生意人，那时称之为“米贩子”，每家都养马，有的还兼养牛，而养牛之家是田土多者；田土少之家，有的几家共养一头，轮流使用。米贩子大都养马驮米谷，出门以马代步。九溪米贩子，到新中国成立前夕，已有 170 多户。一般一户养马一匹，也有少数养两匹者。养马之家，多为自己放牧，养牛情况则不相同。九溪历来有看“大伙牛”的习惯，村民中也有数家以看牛维生者。由于有大片草场，正是放牧的地方。看“大伙牛”者给养牛之家包一年或几年，早晚放牧，言定每年秋收后，每头牛付给稻谷一石（150 公斤）或八斗（120 公斤）。农忙时期，按具体情况放牧。放牧时间，看牛者沿街吆喝——“放牛啰!”有牛户闻声则开门把牛放出。解决了养牛户无人放牧的困难，每年付给看牛者一定报酬，也是乐意的。看牛者每年所得的报酬，也能维持一家生计。民国时期，村中一些十多岁的小青年，每日傍晚挑着青草于街道出卖，供应养马户，获取一定收入以补家用。

新中国成立后，据 1951 年统计，全村有牛 136 头、马 233 匹。至 1958 年人民公社化时，全村耕牛为 203 头，马只有 84 匹了，主要原因，是[②]有部分养马户已加入安顺县运输联社。党的十一届三中全会后，农业改革，实行家庭联产承包责任制，生产形势越来越好。随着经济情况的好转，有钱之家都购买了耕牛。截至 1999 年 10 月，据村委会统计，全村已有耕牛总数 286 头，比新中国成立前增加一倍多[③]；马有 88 匹，多数用于拉车搞运输。

---

① “畜”字原作“业”，据文意改。

② “是”字原无，据文意补。

③ 此句原误在下句“运输”之后，今移此。

过去许多放耕牛的牧场，均被村民开垦种粮，养牛之家自行看养、放牧，看“大伙牛”的习俗也随之消失。改革开放后，九溪村富裕之家均添置了打田机，全村至1999年10月止，共购进了打田机58部、打稻机8台。无牛[①]之家可以用上打田机耕田了。

第四节　副　业

九溪村的主要副业，以制米糖享有盛名。煮酒、推豆腐各有十多家。这些副业[②]，是村民的主要经济来源。九溪米糖从明洪武年间就有了，创始人为钟姓始祖钟大吉。钟姓原籍四川成都，明洪武十四年（1381），奉调征南入黔，不久来九溪定居，随将制糖之工艺传授一些村民。据古稀老人谭盛清口述：初期只有三五家制糖，以后逐渐发展到百户以上。米糖的主要原料为糯米，辅料为黄豆，老麦作发酵之用。制作方法：糯米30公斤（俗称一锅），用水淘净，泡水两小时，滤干后放入铁锅蒸熟（下放甑底），取熟饭放入木盆（或铁锅）内，加入温水，降温解散，然后将麦芽倒入米饭内拌匀，用糖板翻匀拍紧，加盖封闭，七至八个小时即可发酵。开盖目视周围有水时，即将一木架和一竹篮（可以升缩）放置于铁锅上面，把熟饭舀入篮中，用重石压上，榨取米汁于锅中，用猛火熬煮糖稀，待开滚后用糖板反复搅拌约两小时，待扑过大花转入小花时，将火力减小，即成饴糖，处于静止状态。最后把饴糖舀入石盘中，待稍冷却，将饴糖挂在一木钩上用手反复拉扯，其色见风则由黄转白。均匀后，根据需要制出各品种，把扯好之饴糖放于簸箕中（内有米面），制成各类产品如枣子糖、窝丝糖、豆面糖、包心糖、芝麻糖等。葵花杆糖（即空心糖）生产，需要几人配合（一人拿饴糖，一人吹糖，一人挂糖，一人在锅内来回刷汽水），才能制成。

民国时期，九溪米糖是村内外走亲访友的必备礼品。外村上门趸售者不少，运销于安顺、贵阳等城市，颇受欢迎。新中国成立前之猪（亥）、马（午）场，九溪村上场的米糖就占有一行。葵花杆糖更是村内外办红喜事之

① 原衍“户”字，据文意删。

② 四字原无，据文意补。

家必不可少的迎亲之礼品，数量均在五公斤以上。民国时期，在食品欠缺的年代，九溪米糖其销量非常广。枣子糖，当红辣椒大量上市后，销量更大，因城市居民在加工酸辣椒，将辣椒装进罐内时，于辣椒上面要放置枣子糖数粒，再行封口；过些时日，开启食用，辣椒鲜红脆香，味道格外可口。

九溪虽说是米糖产地，但制糖工艺精良者不多，只有[①]钟俊川、刘炳清、朱云松、戴华光等几户制米糖，比较认真，特别讲究加工工艺，质量好，其米糖酥、脆、香、甜，落口不沾牙，故上门趸售者络绎不绝。

九溪制糖　李立洪　摄

新中国成立后，九溪米糖制作[②]延续至五十年代末期。1954 年，国家对粮食实行统购统销政策后，米糖仍允许经营，但每月所需的生产原料（糯米），由当地粮食部门按计划凭证供应，其生产量受到一定限制。人民公社化时期，九溪米糖业基本停业，从业者转而务农[③]。1959 年至 1961 年的困难时期，粮食歉收，米糖业所需的原料供应中断，再无一户生产米糖。1962

① “只有”，原作“如”，据文意改。

② “制作”二字原无，据文意补。

③ 原仅“务农”二字，据文意补。

年起，粮食供应好转后，一部分米糖户悄悄生产，暗地经营，以维生计。1966年“四清”运动，在“割资本主义尾巴”情况下，米糖业也难幸免，只得停业，一心从事务农。党的十一届三中全会后，改革开放的春风给九溪米糖业带来了生机，数十家制糖户重整旗鼓，理直气壮地又重操旧业，不担惊受怕了。随着改革开放的不断深入，市场又发生了新的变化，各种不同食品已在城乡市场上占了主要地位，米糖受到了较大的冲击；加之今日米糖质量有所下降——米糖中的主要辅料黄豆面——因价高而以苞谷面代替，影响了米糖的声誉。米糖中的豆面糖、窝丝糖，过去是纯豆面掺和制成，现改用苞谷面，自然不如豆面作的质量好了。原来的芝麻糖，也因芝麻价高而改用谷花取代，降低了质量。葵花杆糖多年已不生产。常食品种，只有枣子糖保持[①]原样，每年农历腊月二十三的“祭灶糖”，城市居民哪家都要买些作祭灶神之用。随着贵州西部旅游业的发展和安顺对外开放，国内外友人常来九溪参观地戏，研究屯堡人的有关风情，米糖则成为招待外宾的风味食品，他们吃过之后，觉得味道不错，赞不绝口。

煮酒[②]，九溪有百年以上的历史，从几家发展到十数家。经营此业者曾有过一段兴盛时期。民国二十八年（1939）至三十年（1941），大西桥、三铺两地曾办有酒精厂，大量收购各地土酒，提炼酒精。九溪生产之酒，大部分都直送两厂收购。几年后酒精厂停收，十数家酿酒户，除少数老酒户自产自销外，其余数家则改作他业。直到新中国成立前夕，只有几家勉力生产，以维持生计。

新中国成立后，九溪酿酒户在五十年代中期，因国家对酒类实行专卖政策后即停业务农，但个别户仍暗地烤酒卖，但产量不多。改革开放后，原来的酿酒户又重操旧业，恢复生产，全村现有四家常年生产，在村内外推销。随着市场经济的发展变化，九溪的商业铺面又[③]多购外村散酒零售。加之各类瓶装酒品种繁多，汽酒、啤酒也为群众喜爱，九溪土酒受到很大冲击[④]。

① “持”原作“质”，据文意改。
② 此节及下节“豆腐业”，原误置上“络绎不绝”之后，文气不贯，移于此处。
③ “又”原作“有”，据文意改。
④ 此句原阙，据文意补。

村民中一些嗜酒者，喜欢早、晚喝冷淡杯，花个五六角钱在酒铺中边喝边聊，消磨时光。也有少数嗜酒者平时要买三五斤酒至家，每餐必喝，习以为常。一般村民户，除逢年过节亲朋至友来家必买酒外，平时从不喝[①]酒。

豆腐业，九溪生产白豆腐的[②]历史悠久。明代中期，从事此业的有十余家，产品除本村销售外，均挑至邻村出卖。长期以来，九溪只以生产水豆腐为主，从不生产干豆腐。民国时期，九溪生产水豆腐的只有四家，以肖学法的水豆腐最受全村人的青睐，称为“肖三公豆腐”[③]。该户豆腐质量好，其特点是细嫩，煮吃不酸，味道纯正。村民吃干豆腐，多从市场购买。九溪人日常生活中常吃的一味菜，叫“青菜煮[④]豆腐”，常吃不厌。

新中国成立后[⑤]，九溪豆腐一直没有中断。在国家实行统购统销时期，每月均安排有指标供应。在集体生产时期，有的生产队安排推豆腐卖，豆渣作养猪饲料。改革开放后，九溪豆腐业又有所发展，除老户外（三户）[⑥]，已发展至七家，仍以生产白豆腐为主。在这七户中，最受欢迎的要算张昆家生产的豆腐。张昆去世后，儿子继承了其父技艺，质量好，经久不衰。近些年来，也有两三家在质量上和加工生产环节上都有了改进和提高。现在生产豆腐之家，都改进了生产操作，均用上了电磨，结束了长期以来用人力推磨豆浆的历史。

第五节　渔　业

九溪有得天独厚的自然环境，村前又有一条较为宽广的九溪河，发展渔业生产是有良好条件的。明、清两代有无渔业生产，无从查考，民国二十五年至三十年（1936—1941），本村有顾义仁、张星隆两户从事渔业生产，在

---

① 原作“嗜”，据文意改。◎此节亦错置豆腐业历史后，今归置一处，俾不滋蔓。

② “的”字原在“生产”后，据文意改。◎此节原在“煮酒”一节之后，今移此。

③ 此句原作“人们常称肖三公的豆腐比较出名”，据文意改。

④ “煮”字土音“笃”，意谓久煮使入味，如鸡笃豆腐之类。笃，《广韵》：厚也。

⑤ 此节原在“赞不绝口”后，今移此。

⑥ “三户”之意，原作“市场开放后，允许在市场购买，这时只有三户从事此业”，置在“指标供应”之后。市场开放乃改革开放结果，因删并。

河岸旁均筑有鱼塘。顾姓鱼塘建在小堡门洞前，离九溪河五米处。人工挖土后，再以石头砌成椭圆形。塘宽 10 米，长 15 米，深 2 米。塘系泥底，塘内水不能自流进出，久晴不雨时，每隔三两日须请人用水车从河内抽水流入。因水不流通，故鱼质不佳，生长慢，产量不高①。张姓鱼塘建在河边，周围以石砌成圆形，塘宽 7 米，长 15 米，深 2 米。底系沙石，塘内水能自流进出，鱼长得快，质量好。两户鱼苗多从九溪河内打捞放入，多为鲤鱼。村民想吃鱼，平时和过节都能买到。涨水季节，村民中有以渔网在河内捕者，也有垂钓者。运气好时，能钓到三五斤的鲜鱼。除自食外，还有拿到街中出卖者。

新中国成立后，九溪村民对渔业生产不大重视。原顾姓鱼塘早已填平作村民建房。张姓鱼塘，1959 年夏季，被一场特大洪水一扫而光。七十年代末，九溪河因受大西桥化肥厂氨水的严重污染，鱼虾断绝、杂草不生，村民吃鱼只得从外购买了。

第六节　工　业

九溪河下游东、西、南之山坡，蕴藏着极为丰富的煤源②。明代中期，先民们发现煤源后，即进行开采，以代替烧柴，煤成为村民们日常生活不可缺少的主要燃料。几个世纪以来，烧过之煤灰堆积如山。大小堡后街就有三大煤灰点，高达 5 米，宽 20 米。民国二十八年（1939），为修建九溪小学（已下基脚，后因故停建），将大堡煤灰点削平；另两处为村民逐年平整后作为耕地。著名之老青山大乌煤，在民国二十六年至三十一年（1927—1942）开采后，曾经兴盛一个时期，方圆数十里之村民，均来此买煤；不怕山高路远，人挑马驮，络绎不绝。九溪村民在此挖煤维生者不少。煤厂每日一早，人声鼎沸，像赶场一样。村民中也有挑煤卖者，从中赚点微薄之利以养家糊

① 此节叙述较缠夹漫冗，略做调整。下同。

② 咸丰《安顺府志》卷十四：“旧州一带多煤山。”民国《续修安顺府志》卷九：“老罗坡煤矿，在城东南四十余里。矿脉起自西南乡堵鱼河、新场，止于平坝县之肖家庄，横亘东西，绵延百里。随地产碎煤，矿源甚富。”

口。有村民在煤厂附近开设小食馆，昼夜供应。有的清晨担上热糍粑至煤厂供应早市。方圆数十里地方，还有不少小煤窑，但都不及老青山之煤。该处之煤有煤烟少、接火、经过[①]等特点，掺和一点黄泥，稍拌几下就黏了。煤无杂质，浠煤放置火中如烧炭一样。外村群众因其煤好烧，尽管路远山遥，也愿意来此买煤。九溪宋云程因有经济实力而独自开办煤厂，曾在此处找了一笔钱，当时也养活了些贫困村民。但由于系土法开采，没有较好的安全设施，在开采过程中，曾发生多起伤亡事故。经过几年开采，煤源变深，取煤难度增大，加上其他原因，开采中止。

新中国成立后，五十年代初期，村民中许多原挖过煤者又聚集在一起，重操旧业，于小桥坡、后坝、下坡树、水槽头、芭蕉叶等处开办小煤窑，除自烧外，也卖给村内外群众。农业集体化搞了一段时间后，改由生产队组织挖煤，参加粮食和其他收入分配。六十年代中期，由大队统一组织劳力办煤厂，杜绝私人挖煤。大队抽调各生产队劳力，选择九溪河下游之河中间开采煤源。六十年代中期至七十年代初，煤厂处于鼎盛时期，规模大、产量多，日产煤数十吨，村内外群众来此买煤者络绎不绝。这时交通条件也有很大改善，买煤者多用马车、拖拉机、汽车等运输，肩挑者大大减少。大队集中采煤，促进了集体经济的发展，比较妥善地解决了生产队剩余劳力。采煤实行统管、统采、统售、统收、统分的办法，各队派出之劳力，实行记分制。全年由生产队支付挖煤者口粮和其他收入。煤由大队统一核算，按各队劳力创造价值提取配煤数量，按户分配；社员凭大队制发煤票到煤厂挑煤。河中间之煤不亚于老青山之煤，因此也受到村内外群众之青睐。1980 年后，随着农业体制改革，不再集中挖煤了，但私人合聚挖煤者仍不间断。每年秋收种完小季后，村民中有挖煤经验者，互相邀约又新开煤窑，一直要干到来年春耕春播，年复如是。

现今九溪煤点有后坝、芭蕉叶、小桥坡等处，煤质好，深受用户欢迎。后坝煤虽好，但交通不便，煤难以运出。1992 年，村委组织人力、物力，

---

① “接火”乃方言燃烧不中断之意。“经过”系方言经久耐用之意，此指煤炭可烧的时间长。

采取集资和自筹部分资金、信函向本村在外工作的同志求援等办法，在较短时期内，把村门口至农家河的2.5公里的农机通道修通，车辆可以通行，既解决了长期以来村民秋收运粮、运肥等困难，而后坝之煤也可以运出来了。

挖煤者极辛苦，采煤方法又极为落后，要从数米深的洞内弯腰爬行，拖着装满竹篓之煤（每篓重100多公斤）运出洞外。洞口多倾斜，拖煤者要用手抓着钉在地下的木桩一步一步爬行上来。挖煤者生活清苦，只有每月的农历初二或十六两天，改善一次生活，俗称“打牙祭”。煤厂上有许多忌讳，如吃饭要说是吃“畜畜”[1]，筷子要说“毫竿”，煮饭用的茶罐要说是“矮子”等。

明、清两代和民国时期，九溪村民点灯用的是桐油灯盏。民国二十年代，少数富裕之家用上了“洋灯”，点“洋油”（煤油）。夜间串户则提纸糊灯笼，有的点葵花杆（俗称“亮稿”）。后来进了一步，用上了四面装有玻璃的手提灯（内有灯盏），比纸糊灯笼高级了许多。民国二十五六年，九溪有一两家买上了当时很少有的煤气灯，装上“洋油”打足气后，即可点五六个小时。那时“洋油”价贵，也不易买到；农村碰上红、白喜事，能借上一用，就像电灯一样。但当然不如电灯好用。

新中国成立后，1955年前，仍点的是桐油灯。到粮、油、棉由国家实行统购统销后，桐油买不到了，改由供销部门供应煤油。村民初期不会使用，仍用点桐油灯的方法点它，出现了一些问题，煤油见火一下就燃了起来，烧坏东西导致失火。后经有关部门及时供应灯具并宣传使用方法，才解决使用问题，逐渐习惯起来。过去使用的桐油灯盏，多系女方陪嫁之物，改用煤油灯后慢慢消失。

1958年“大跃进”时期，九溪曾在下游河水处，利用水力建立了一台水轮泵发电站。草创初期，经济困难，电力设备很不完善，发出的电无变压设施，枯水季节，电灯如萤火之光，什么也看不到，还要点上煤油灯方能吃饭；雨水旺季，因水势猛涨，电压增高，又烧坏各家电灯。因故障太多，不久终于淘汰。七十年代，中央厂矿枫阳厂由外迁至附近，离九溪仅二公里。

① 原文如此。方言“吃饭”作“吃庬庬”，然“畜”字是方言“畜包”之意。

因该厂创建初期，九溪村划拨了一些土地，又在人力上派出石工、木工支援，建立了一定关系，遂用上该厂电力。由于设备完善，安全可靠，昼夜用电畅通无阻，才真正开启了“点灯不用油”的历史。电力给九溪人民带来了光明，给生产、生活带来了极大方便。五座电力提水站也相应建起来，粮食机械加工也有了发展，使家庭妇女从烦琐的家务劳动中获得了解放。七十年代末期，在筹集资金和国家补助的前提下，大队拟利用下游河水修建一座小型水力发电站。但由于事前计划不周，至 1979 年尚因资金短缺而无法竣工。经向有关部门反映，拨款 30 万元，购进五十年代生产的三台水轮机，勉强完成扫尾工程。但资金仍感不足，大队又如实写出报告向地、县两级水利部门求援，增拨 15 万元资金（无息贷款），工程才得以全面竣工。但有关部门参与试机检验时，沟渠又被冲塌，又向上级申报增拨资金修沟渠，至 1988 年 12 月才投入发电，装机总容量为 350 千瓦。但由于电机产品老化，经常发生故障，虽有三台水轮机，实际只有两台交叉使用，且发电仍受水枯涨制约，不够使用。加之照明与动力用电未分，每到夜间机械动力一用，就影响了照明，看电视也受到影响。1991 年 7 月，一场特大洪灾将电站冲坏，虽在上级水利部门的支持下，拨款 10 万元于 1992 年 3 月新换了电机，重新修复，但水枯季节电力仍不能满足生产生活需要，到 1998 年底又停止使用。为了解决全村照明、机械加工和水利灌溉等用电问题，在新的村支两委统一安排下，又于 1999 年元月再次接通枫阳厂电力，多措并举，终于能满足全村人民的生产生活的需要。

第七节 商 业

几百年来，九溪都是一个做小生意人多的村寨，经营的范围广，且为社会所必需。有一首民谚很能说明问题：“邻村来了客人，如何招待出门？只走九溪一趟，包你样样办成。”民谚反映了九溪商业的特点。行商坐贾，明、清两代已有相当的发展。民国二十年代，九溪只有三五家固定铺面，而多数则赶场经营。除米糖业、酿酒、推豆腐已在副业一节作了叙述外，如屠宰、卖油（包括桐、菜油）、宰零盐[1]、贩茶叶、贩马、贩猪，以及“米贩子”等，皆以赶场为主推销商品。其中，“米贩子”达二百多家，居九溪商业之首。“米贩子”家一般都喂有驮马，一人一马者多，一人二马者较少，也有无马而靠肩挑贩运者。喂马作为运力者，出门以马代步，回家时驼上十来公斤稻谷。粮源多来自旧州、双堡市场或该地区农村。每马驮谷六斗（约 90 公斤），早出晚归。稻谷运回，即送至水碾房加工成米，每碾一槽（约 90 公斤）米，主人用木卡于槽内收一卡米（约 1.5 公斤）作为加工费。水碾

菜场　李立洪　摄

上设备齐全，如风簸、水垒、撮箕、刮耙、木盆（牛皮或木制成）、扫帚、米筛等。九溪水碾十余家（邻村村民吃米都要肩挑来加工），为九溪“米贩子”提供了良好的条件，这是九溪“米贩子”多的原因之一。清代嘉庆年间，九溪曾有过龙（辰）、狗（戌）场期，逢场天，赶场人多，买卖非常兴旺。至咸丰年间，市场逐渐萧条、冷落、赶场人数减少，终至无人赶场，改

① 旧时盐巴多为石盐，要以斧凿零卖，故方言曰“宰零盐”。

为在后街以买卖米为主的赶街活动。市场的兴衰，也可以折射出时代的兴衰。卖者手端一碗米（俗称“望子”），作为样品，由买者看货议价，双方议定后，由卖方背米至后街龙泉寺，那里有设立在街上的公斗（那时多不用秤），按数撝（音印）给买主。每成交一次，由公斗处收一竹筒米（约 0.5 公斤。无论成交量多少，只收一次），归入寺庙。

九溪“米贩子”多的原因，除水碾提供了加工条件外，还在于制米糖、酿酒等行业需要就地买原料。“米贩子”还将大米运往猪场、马场、二铺、云鹫山、石板房、水淹地（即龙眼山）等市场销售。“米贩子”会划会算，老糠、米糠、碎米等算得很仔细，买进卖出总不会吃亏，故有“算绝算尽米贩子”的俗语流传至今。

新中国成立后，经过土地改革，村民大部都分得了土地，实现“耕者有其田”，但对从商的部分人口则不分给土地。初期，从商者不敢做买卖，经政府有关部门宣传党和国家的方针政策，打消了顾虑，又才各理其业。税务部门对各行各业进行调查登记，召开会议宣传党和政府有关政策和纪律，按行业造册编组，凡遵守国家法令政策照章纳税的，可以发给营业执照，准允经营，但不准弄虚作假，偷漏税收。编组后，选出负责人学习工商业和税收政策等，提高思想认识，遵纪守法，正当经营。1955 年国家实行粮食统购统销后，全村再无一个米贩子。随着“四清”和“农业学大寨”运动的开展，在“堵死资本主义的路，才能迈开社会主义的步”的极“左”路线影响下，做生意的都怕戴上资本主义的“帽子”，只好洗手不干，停业务农。党的十一届三中全会后，改革开放春风吹醒了九溪村各行各业，百业兴起如雨后春笋，发展势头如火如荼。至 1999 年 10 月止，除原有供销社分销店外，个体商业铺面已发展为 38 家，比新中国成立前增加了十倍。经营百货、棉布、成衣裤、五金、化工原料、日杂小商品、副食杂品、电器、烟酒等商品，品种繁多，琳琅满目。许多人家都用汽车或摩托车自行采购商品，个别商铺还兼做批发业务。根据市场变化，各铺面在竞争中不断改进销售方法，不断增加花色品种，满足村民们的需要。昔日的“米贩子”由原来用马驮改为用汽车跑外地，买卖越做越红火，走上了脱贫致富之路。过去是男的出门跑买卖，女的搞家务[1]；现在时代不同了，男女都一样出门跑生意，而且女的并不亚于男子。改革开放给九溪商业带来勃勃生机，兴旺发达。

第八节　建筑业

九溪历史上的建筑业并不发达，偌大村寨，从事建筑业者寥寥无几。据村内一些年高老人传述，随征南和填南而来此定居的先民，初期建房多系茅草房，以土筑墙，上搭屋架盖茅草而居。会搞建筑的只有木工三家、石工两家，村民建房多从外村请匠人。民国初期，九溪会搞建筑的木工仅有两家，虽然技艺精良，但吸食大烟，睡觉半天才去干活，所得收入除吸大烟外，所余无几，维持不了一家生活。这两户木工也不收徒，子孙也未继承，两户均无传人。民国二十年代至三十年代，虽从外村迁来了木工，也能搞建筑，但只一两户，不从外村请建筑工人，难以承担本村村民建房所需。

新中国成立后，九溪村从事建筑业的人数日益增多，社会主义制度的优越性给建筑业创造了条件。六十年代，劳力由大队统一调度，把石工、木工集中起来，为集体兴修一些农田水利工程，修建后头山至十二脚的一条引水渡槽，长 70 米，高 2 米，宽 50 厘米，解决了这一带农田用水的困难。同时，又在九溪河沿岸搞“围河造田”工程，除石工外，还抽调一部分精壮劳力参加工程会战，他们也学会了石工手艺。七十年代，九溪村抽调了一部分村民参与马场公社的基建专业队伍，并在安顺市内承包国家单位建房，不少人因此学会了水泥砖工。

九溪现有木工、石工、水泥工等人员 238 人，比新中国成立前增加百倍。九溪比较有名的木工是雷顺昌，手艺精良，技艺超群，起房造屋，制造各种家具，都是一流水平。该户木工技术系祖传，其子孙都继承其业。从八十年代起，建筑材料已从石木结构转向用水泥钢筋砖等。现今的九溪建筑队是土洋结合的一支队伍，但以现代化建筑为主，逐步淘汰了老式建筑模式。

---

① 道光《永宁州志》卷十：“土人，相传为明洪武时与屯军先后至者，因其居土日久，故曰土人。一说旧人，一说士人，楚人也，一名里民子。衣尚青，与屯人无甚差异。妇女不缠足，男子娴贸易，耕作多妇人为之。”

第九节　运输业

明、清两代的九溪运输业，主要靠人挑马驮。民国时期的三十年代，九溪修了一条简易乡村公路，才发展了花轮车搞运输赶场，运送农副产品到省城。名虽为乡村公路，实际上仅比人行道宽一点，只能勉强通行马车，这是九溪运输业当时的状况。

新中国成立后，在党和人民政府的重视和支持下，为改变农村交通运输的落后环境，1951 年，县交通部门来人住在九溪，组织修复关（关帝庙）旧（旧州）公路。原计划公路由大街通过，扩宽原有路面，但拆迁民房多，做过多次工作，群众不乐意，最后改道由村外修建，1952 年秋季工程结束。扩修后的公路宽 7 米，路面平整，汽车可相向通行。随着社会的进步，九溪运输业也相应发展，运输户达 30 多家。

1955 年，区有关部门将九溪运输户组成运输小组，统一管理和调度，为国家粮食部门承运各类粮食和物资，付给一定资金。为提高运输效率，减轻劳动强度，经统一规划，将花轮马车改为汽轮马车①，不仅增加了装载量，而且大大提升了速度。1956 年合作化高潮期，九溪运输业统调安顺组成运输联社，成为集体企业。进入八十年代，在党的富民政策指引下，九溪运输业进入了一个新的发展时期。随着经济收入的好转，至 1999 年 10 月止，全村已购进汽车从事个体运输的有 68 家，计有大中小型汽车 41 辆、盘式拖车 27 辆、汽轮马车 28 辆、个体摩托车 166 辆，直接为南来北往村内外村民服务，早出晚归，方便村民购销需要。每年秋收时节运粮、“双抢”，全力投入，为九溪村的经济振兴作出了贡献。

第十节　饮食业及其他服务行业

九溪饮食业在明、清两代没有大的发展。民国时期二十年代则异常兴

① 王继平《安顺马年说马》（博客）：“民国 29 年（1940），王金明派人到云南昭通学习马车安装刹车技术，在马车上装刹车木胶条，名‘花轮马车’。此后，少数马车改装旧汽车轮胎，名‘汽轮马车’。”

盛，有早晚市的粉面馆和清早的糍粑等，深受外客和村民的欢迎。后街五显庙内有一四川刘姓人（不知其名）和村民袁仕玉的面馆，早晚都有顾客光临，生意非常红火。宋秉贵、张绍先两位老人的热糍粑，常年供应早市。宋景臣的糖包子，常年供应过往村民，随着季节变换花色品种应市。进入夏季后，有邓开华、黄仲香、张志奎、张云奎等几户的甜糕问市。张奎三、王树青两家的“马烧腊”①，赶场设摊颇受广大群众喜爱。

帮厨　李立洪　摄

民国时期，九溪从事理发的有三家，袁清云（四川人）理发手艺不错，村民光顾者较多。胡聋子（不知其名）只会剃头，手艺一般，爱剃头者喜欢找他。邓其山也只会剃头，手艺较差，工具也不锐利，一般人都不愿找他，即便找他也只图他收费少而已。

此外，九溪还有些从业人数不多的行业，因社会需要而存在，如屠宰、

① “腊”原误“蜡”。此物为马肉腌制的腊肉，故改。◎无论战马、驼马、耕牛，旧时皆为畜力，不以为食物。天龙、九溪等地马烧腊出名，疑地当屯军地或驿道，战马、驿马倒毙者多，食不胜食，故发展为腌制品。

油漆、剪花、纸扎、擀香、皮匠、银匠、榨油、缝衣（俗称单线行）等，各有千秋。到新中国成立前夕，从事饮食业者都已去世，其他服务行业中有的因无人继承而消失。

新中国成立后，饮食业和其他服务行业有的由于社会主义事业的需要有了新的发展，有的被时代淘汰，有的则在合作化高潮时期纳入了集体组织，走合作化道路。改革开放后，随着经济形势的好转，九溪村饮食和其他服务行业发生了新的变化，如雨后春笋般不断壮大起来。至 1999 年 10 月止，全村饮食门市有六家，饮食摊点五家；理发门市七家。此外，从事屠宰业的八家，缝纫十六家，修补业三家，制秤业五家，漆工一家，骟匠一家，铁匠二家。根据社会发展和需要，全村还有粮食机械加工九家，打米机二十七台；粮油加工二家，榨油机四台；电器修理五家，机械修理四家，经营饲料门市的六家，照相业一家。还有极少数的行业如贩马、扎画、经纪（俗称牙口）、算命、银匠、道士、修补塑料用具等，九溪都有。百业兴盛，促进了九溪村经济的发展，出现了不少富裕之家。

第十一节 金 融

九溪村民，几百年来有民间互助约会的习俗。民间互助约会，俗称“炸会”[①]，实际上是一种经济互助形式。九溪村民间互助约会比较多，大大小小有十多个。

---

① 字似当写作“闸会”，谓如闸门断水，一节节放行，以取其利息。也称“银会”。民国《镇宁县志》卷三：“借贷与银会，……盖亦互通缓急、救济失业之良好办法也。”“至于银会，乃维持亲友之一种经济组织，意美法良。其法：由需款之人为会首，邀约会友十人或十余人，组合成会。会金数额及行息，随当时社会经济情况而定。会期在昔多为三月或四月一会，近年多系一月或二月一会。接会凭摇骰定之，以得点最多者得接（上摇下接）。接会者于会期前数日下帖通知，至期设酒席招待，亦有不设酒席者（此种多由会首负责，按期通知，现摇现接）。除首会外，已接者下会须按所接金额应生息金（息率由公议定，总较市面为低），连本脚会金一并上还，至会终为止，谓之重脚。另有一种干会，即由会友每人平均出洋若干交会首接收以后，会首按每一会期退还一脚，不付利息，至还终为止（退还次序，由众会友摇骰定之，由点多者先退，余类推）。”此风今犹行。

这种互助约会形式，由一人组织发起，称为“会首”。愿意参会者由会首逐一登记，会首自己掌控人数，如人数差不多了就停止，并通知参会者带钱多少某月某天到会首家，把炸会钱交给会首。九溪互助约会有人多人少之分，多的四五十人，少的三四十人不等；炸会金额亦有多有少，有十多元到几十元、上百元者。除会首接头会外，从二会起，采用摇骰子方式，将骰子三颗放在碗内，上盖一碗，轮流摇点，谁摇点数多就可接会。如同时有两三人摇的点数相等时，由同点人再重新摇点，直到一人点数最多时就是接会者。接过会者称为“重会”，以后要连本带利炸会。只炸不摇，轻会可以继续摇会，直到全会结束方完此会，称为“翻头”。一个会由于参会人多，要炸若干年才完毕。如炸会者炸了几会后，中途不炸者，按会规叫作“前银不跟，后银不算”，所炸会款概不退还，由众会友享受。

九溪村也有私人借贷，需要借钱者，可通过熟人介绍找有钱人家借贷。写下借款条，明确应借款额多少、每月按百分之几付息、借期多久归还等事项，并请一保人作证后就能借到款，但利息较高，有百分之五到百分之十的利息。有的借款户，因利息过重，只要一月到期就把息付上，以免加重负担；到期一次付本。也有本息到期一次付清的情况。也有少数村民，因急需用钱办事，托人帮忙借款而用青苗抵债者——秋收后，按议定借款时应付的新谷，一次还清借款。民国二十年代，九溪村还有一种以炸谷子（即水稻）为主的“谷子会”，每年只炸一次。以秋收后的九月为炸会期，五斗为基础；接过会者，来年炸会要炸出六斗，形式同炸钱会类似。

新中国成立后，农业集体化时期，“吃粮靠返销，用钱靠贷款”，根本无什么约会可言；那时温饱问题都未解决，用钱就更困难了。党的十一届三中全会后，实行家庭联产承包责任制，全村人民生产、生活发生了巨大变化，温饱问题解决了，经济条件也逐年得到改善和提高，民间互助约会又有了发展。全村粗略统计，有各种约会不少于二十个，炸会金额从十多元至几十元、一百多元。每月炸一次会，重会加息有五元、十元、二十元、五十元不等，人数有四五十人到七八十人。也有放高利贷者，但由于经济条件好转，富裕之家多起来了，因此借高利贷者寥寥无几。

1989 年 12 月，九溪村经安顺市民政局批准，成立了储金会。储金会建立后，有力地支持全村人民生产、生活上所需资金，对高利贷来说也起到制约的作用。九溪储金会从 1989 年 12 月 5 日起开展营业活动，初期参加储金会的村民只有一百多家，主要原因是一些村民对储金会这个新生事物认识不清，思想有顾虑；即使入了会的，也处于半信半疑状态。储金会初期开展业务活动的资金只有四千多元。1990 年 2 月，安顺县民政局先后拨给苞谷 1.5 万公斤，其中一万公斤是无偿的，有 0.5 万公斤是有偿的。按照当时市价，经会员代表会确定，折合人民币 9030 元；加之经过一段时间的营业，又发展了一批新会员，共有资金 17000 元（其中会员股金 8800 元）。由于对办好储金会的指导思想比较明确，既注重经济效益，更注重社会效益，在短短的时间里，就为 100 多户村民解决生产资金和生活的困难，同时还对较困难的贫困户投放了 1500 元资金，扶持其发展生产，取得了良好的经济效益。为了做好本年度财务决算工作，扩大入股面，把更多村民吸引到储会中来，使他们对农村储金会有个正确认识，1991 年元月初，储金会发出通知，及时召开全村储金会会员大会，兑现股金分红，各级领导亲临会议指导。会上，将会员应分红利进行了发放。分红会后不久，更多村民争先恐后报名入股，村民们相信九溪储金会是真心实意为会员办事的，从而消除了顾虑。有个六十多岁姓梁的老人，一次将多年积蓄的 800 元钱入股；另一名老年妇女也入股 600 元；甚至还有不少小孩把“压岁钱”也拿来入股。截至 1991 年 4 月，入股资金已超过 7 万元，这是预想不到的。此后，储金会结合实际情况，采取了吸收临时股金的办法，解决了一部分人的短期存款问题。至 1991 年底，吸收临时股金已达四万元左右，流动资金超过十万元。

九溪储金会每年及时将当年红利分到会员手中。第一次分红于 1991 年元月初，分红比例为股金的百分之五十；第二次为 1992 年元月，分红比例为股金的百分之四十四；第三次、第四次为股金的百分之四十。由于逐年分红及时兑现，有的会员将当年应分的红利又转作股金，只存不取，充分说明对储金会的信赖。1992 年又吸收新会员 100 多户，股金一万多元，基本满足了入会者的要求。截至 1992 年底，已入储金会的村民达 400 余户，占总户数的 50%左右。

几年来，九溪储金会无偿救济由于天灾或久病等原因，造成生产生活困难的村民 28 户，给予资金扶持 3570 元。低息扶贫 11 户，扶持资金 3300 元，支持全村举办公益事业资金 23819 元。

九溪储金会的财务管理，实行的是上级规定的完整财务制度，采用收付记账，实行复式记账法，并结合实际需要，增加一部分会计科目和辅助报表，做到期末或月末复查，月清月结，账目清楚，资金平衡，保证业务的正常开展。

九溪储金会制度比较健全，有岗位责任制，有严格的管理措施，职责分明、分工合作，经济手续清楚，切实做到了廉洁奉公，不谋私利，为村民排忧解难，协助村支两委办了许多实事，如坡改梯、修农机通道以及修建电视差转台等，使这些工程能及时完成，发挥了应有的效益。

第六章　文　化

清道光四年（1824）三月，本村秀才王文才、顾子慎带头捐资，在九溪河下游水汇流锁口处修建了文昌阁，成为本村培植人才的学宫。此后九溪有众多秀才举人，均曾在此处读过书。秀才高飞鸾在此设馆教徒。据本村《王氏宗谱》祖宗功绩记载："其时吾九溪正当兴盛时期，人户千余，功名发达，举贡生员指不胜屈。传闻就秀才一项，拆下'顶子'以升撝（yin）之，即将二升有余[①]。故其时安顺州（今旧州）曾有功名失望者云：要希望功名，除非搬九溪居住等语，足见当时九溪人才之胜状。"

第一节　私　学

辛亥革命推翻了清王朝的封建统治，建立了中华民国，进入了一个新的历史时期。民国初新文化逐渐传入，以后又有五四运动。受新文化的影响，九溪渴望求知的人多起来。明智者感到社会变革，时代不同，读书识字好处多，少吃些亏。于是村内一些前清秀才顺应历史潮流，在家设立学馆，一时大兴。先后开办私塾馆的有宋瑞徵、戴禹清、宋绍周、顾荣封、朱文有、朱绍荣、张显庭、宋仪廷、马玉才、宋达三等十多人。村民送子弟入学者逐渐增多，每堂私塾馆学生有十多人或二十多人不等，满足了有子弟之家的入学要求，形成了一股读书热潮。民国二十三年（1934），尽管九溪开始创办九溪小学（公办），但年龄大的学生仍继续在私塾馆就读，不久私塾馆相对减少。

① "顶子"，即帽子上的装饰物——"顶珠"。"撝"是测量的意思，意为拆下的珠子用升子"撝之"，形容获取秀才的人很多。

私塾馆的启蒙儿童一开始就读《三字经》《四字经》《百家姓》，随后是《千字文》等，一年内可将这些书本读完。随着年龄增长，就开始读四书（共计十二本，从《大学》起至《孟子·尽心》止）、五经（《易经》《春秋》《左传》）、《功学琼林》《千家诗》《龙文鞭影》等等。私塾以识字背诵为主，这是读私塾的基本功。记忆力强的，识字多，读的书也多。私塾老师除教读外，还教学生学写书法和认识生字。书法写出要送先生审评，好的字画上红圈，不好的字不圈。教认生字，写于书法本空处；每次考四字，认识者画红圈于字下，不识者打叉。私塾先生教授一段生书后，学生要反复读熟，再至先生处背诵；接着再往下教生书一段，要把一本生书逐段逐段读完。已读完的生书，再行复读，送至先生处背诵，称为“理熟书”。

九溪宋氏私学馆创办人宋兆焜像

（摄于 1904 年） 佚名 摄

私塾馆每年农历七月和腊月为放假期。私塾先生的教座点要写上“大成至圣先师孔子神位”张贴。教学方法采取逐个传教。私塾先生的学费，由每个学生按年供给，有付钱的，也有付谷米的，逐月付给先生。九溪私塾馆至民国二十年代末期，在官学冲击下大都停馆。但离九溪小学较远村寨，有些家长为子弟读书心切，主动寻师教子，外村来请者不少，于是宋瑞徵、戴禹清、宋绍周几位老人分别至安庄屯、小寨、鲊塘河等村寨设馆教学多年。

私塾馆办得最长的要算宋达三老先生了，他从民国十九年（1930）起至民国二十九年（1940）的十年间，在家设馆教徒，每学期有学生二十多人。除本村部分学生外，远离九溪二三十里村寨的家长都慕宋老先生才名，亲送子弟来读。宋老先生是严师，教学有方，且多才多艺，兼授书法、绘画，能使学生有成。民国三十年后，九溪私塾馆由公校取代。

第二节 学 校

民国二十年代初，经三街耆老商议，派出代表至安顺县政府请求开办官学，获得了政府的批准，同意设立九溪中心小学，委派上海光华大学肄业之黄映龙筹建并任小学校长。至此，打开了九溪新文化的大门，村民们都为子弟有了求学场所而高兴，掀起了送子女入学的热潮，冲破了“男归学堂女归嫁”的封建藩篱。初期，入校女生不多，只有少数明智家长和经济条件好的家庭才这样做，女生只占学生总数的5％左右。

九溪宋氏私学馆继承人宋达三（前排左五）与国学研究社全体学生留影（摄于1938年）

佚名 摄

学校创办初期，黄映龙还聘请了戴禹清、宋绍周两位私塾老先生教授国语（今称语文）课程。新学校课程有国语、算术（今称数学）、常识、地理、历史、自然、公民等主科，另设副科如图画、劳作、音乐、体育等，各科设有专职老师。学校是校长负责制，所需老师由校长聘请，报县教育科备案。各班级设级任老师（今称班主任），主上国语课程。聘请的老师素质较好，教学极为认真，方法灵活多样，学生易于接受。每周有每周的课程安排，星期一至星期六为全课程。级任老师每两周要布置一次作文，那时一个年级学生最多三十几人。体育课每周两节，均在下午活动；音乐课也如此。两科均不设专职教师，由懂体育、音乐的教师担任。教师多从安顺、平坝聘请，本村教师只占少数。外地老师非常自觉，一般很少回家，即使有事星期六回去，次日即回学校。入校学生由初期一百多人发展到四百多。方圆数里的村寨如新寨、石坝、马场、下九溪、三铺、黑寨（今和桥）、安庄屯、鲍屯、高寨（平坝属）等村的子弟都来九溪小学攻读，毕业后考取中学的不少，也有不少到高等学校深造。

黄映龙校长治学严谨，开办之初，就极为重视校规校风，制定了行之有效的各种管理制度。各班级老师尽职尽责。学校有动有静，音乐课使学生们精神面貌为之一新。映龙校长结合九溪的自然风光和地理环境，编写了一首歌词，作为九溪小学校歌，用当时流行的一首曲谱配唱。笔者曾走访张承尧（已去世）、王厚福两位老人（他们是九溪小学第一、第三期毕业生），虽然相隔几十年，他们对歌词内容记忆犹新，而且还知道唱法。歌词的全文是：“九溪镇，自古文明村。仁里多贤，美名远近闻。千百户，多兴盛，大家都是勤俭刻苦的国民。山环绕，多雄伟，前面有林河水深。此乃天生地成，天生地成。青山绿水，钟灵毓秀启人文。似仙境，赛桃林，幽胜境，当推我九溪镇，大家早慕名。文昌、天龙、晓礼屯，果然真妙境。”

黄映龙校长以身作则，使九溪小学校风校规贯彻有力，秩序井然，尊师爱生，蔚然成风。学生宋兆新，在校极为顽皮，行为粗暴，常欺侮弱小同学，动辄打骂，弄得同班同学不敢与之相处，被欺凌的同学不得不哭告校长。黄校长多次对其行为教育训斥，但其不思反省，反而变本加厉。某次竟将一同学打伤，黄校长气愤之下，以教鞭体罚。该生哭告其父，隐瞒事实，反说校长打人。其家长溺爱不明，袒护其子，竟不问情由，气势汹汹地至黄校长家中，恶言质问，并执杖殴打黄校长，幸旁人劝阻，才免遭意外。黄校长忍无可忍，具文申报安顺县政府。为维护学校教学秩序和校长之声誉，县府饬令教育科派员查办此事。来员经与联保处会同，查明情况后，由镇公所传讯宋到办公处询问。宋到后，自知理亏，愿意接受处理。由于宋诚恳认错，经研究决定，除向黄校长赔礼认错外，罚宋买脚踏式风琴一架、大钟一个给九溪小学，宋一一照办，了结此事，开创了农村小学有风琴之先例。

民国三十年（1941），九溪小学首届毕业生离校，赴贵阳及安顺考取中学深造者多人，并向母校赠送“礼义廉耻”匾额。笔者记得匾额署名是“安顺县尚武乡九溪中心小学第一期毕业同学”，具体人名是宋昌藩、宋德相、宋德华、宋世勋、宋世龙、宋兆琴、宋兆雄、宋德龙、张仲希、黄国芬（女）、顾光兴、顾光盛、张陈尧、王厚禄、吴德新、冯盛齐、邹盛基、宋华英（女）、李朝安、高志等二十人。

民国二十年代末期，九溪小学曾搞过一段时期的政校合一，任过尚武乡乡长的黄北星、宋绍文都兼任过校长，大约三年后即停办。

九溪小学自创办以来至新中国成立前夕，有九任校长（见附表）。全村仅有大学生二人，他们是：张寿齐——贵州大夏大学银行会计系毕业；黄映龙——上海光华大学中文系肄业。

民国二十三年至三十八年（1934—1949）历任校长

序号	姓名	性别	族别	任职时间	住址	备注
1	黄映龙	男	汉	1934.3—1937.7	九溪	
2	方 焯	男	汉	1937.9—1939.1	四川	
3	黄北星	男	汉	1939.3—1941.1	九溪	
4	宋世禄	男	汉	1941.3—1943.1	新寨	
5	黄淑文	女	汉	1943.3—1945.7	安顺	
6	黄国柄	男	汉	1945.9—1946.7	九溪	
7	黄治高	男	汉	1946.9—1948.7	安顺	
8	冯德新	男	汉	1948.9—1949.1	下九溪	
9	戴福柄	男	汉	1949.3—1949.7	九溪	

九溪在安顺、贵阳攻读初高中的还有向日华、张星相、高志、张学志、张星斗、张仲希、黄国柄、黄国芬（女）、宋鼎元、汪建英、张文元等十多人，所读学校为安顺豫章中学、黔江师范，贵阳正谊中学。

1949 年 11 月 25 日，九溪解放，从此结束了国民党政府的反动统治。经过清匪、反霸，社会秩序有了好转，村民生活也安定下来。1951 年 9 月，县人民政府派邬文运为校长，来九溪搞学校恢复工作。初期只办至四年级，读高年级还得到外地攻读。不久邬文运调任鲍屯完小校长，仍兼九溪校务。1956 年起，县教育局指令老教师范和忠为九溪小学负责人。1960 年下半年改由方国俊负责。1962 年至 1968 年，又指令徐盛友为主要负责人。这时正值“文化大革命”时期，徐受冲击，学校瘫痪，徐被调任他校。1969 年至 1980 年的十年间，九溪小学由王俊凯、田子明两人负责。1983 年至 1984 年 9 月以前，又明确顾之仁老师主持校务。

九溪小学三十多年来均属完小领导，1984 年 9 月至 1991 年，改由杨德勇、宋德美以中所完小副校长和副教导主任的身份主持九溪小学校务，以后又由宋德刚以副教导主任主持九溪小学校务一段时间。1992 年至 1995 年，由汪江洪主持校务。1995 年 4 月，汪江洪调走后，县教育局调李发步任九溪完小校长，负责全盘工作。1997 年 8 月，李发步调任大西桥初级中学副校长后，明确梁建之、黄治刚为正、副校长，主持校务。

从 1958 年开始，九溪小学增设了高年级。1977 年又增设了初中班。1988 年起，恢复六年一贯制教育制度。1982 年，政府拨给九溪小学建校款 1.8 万元，大队自筹资金 4 万元，于当年建修了新校舍一栋，初步改善了教学环境和设备，但仍有不少儿童进不了新校舍。1983 年 12 月，市政府又增拨了建校款三万元，大队自筹五万元，于 1984 年初开始建造二栋教学大楼，当年完工，总面积 800 平方米，教室 22 个，能容纳学生一千多人，至此，九溪小学校舍全部解决。至 1999 年 10 月底，全校教师有 38 人，全系公办。其中，高中（包括中师）文化 29 人、初中文化 9 人。

新中国成立四十多年来，九溪文化事业向前迈进了一大步，现在不仅有了大学生，也有了研究生。全村有大学生 36 名，其中研究生 1 名；初中生 869 名、高中生 134 名、中专生（包括中师）58 名。（新中国成立前后大学生统计，见本章附表。）

九溪村文化事业虽有了长足进步，但以一个千户大村来说，仅有三十几个大学生，加高、初中生一起，才一千多人，只占总人口的百分之二十五左右，显得极不相称。文盲、半文盲占全村总人口相当大的比重，尤以妇女最为突出。五六十岁的老年妇女暂且不论，就算是新中国成立后生的不少女青年，由于她们的父母存在一种重男轻女和读书无用的封建残余思想，不愿女孩读书。有父母明智一点的，又因家庭经济困难无力供子女入学；或勉强把子女送进学校，几年后，因家庭负担重或劳力缺乏，又把子女拖回来务农或经商。而子女所学的一点文化知识，时间一久，则大都忘掉，成为半文盲。有的女青年根本没有进过校门，一字不识。村民中子女多的家庭，能供一两个子女读书也就不错了，其余子女，或务农或经商。因此在男女青年中，文盲或半文盲占的比重大。一些适龄儿童本应入学，因家庭经济不佳，父母也舍不得花钱让子女进校读书，使他们失去了求知识的机会，造成终身憾事。

第三节　医疗卫生

九溪寨大人多，居住稠密，大街比较狭窄；小街小巷数十条，每遇天雨，道路一片污泥浊水，影响村寨环境卫生。民国三十二年（1943），全村耆老商议修整街道，自筹粮款，组织人力，无论大街小巷，全用石块铺修，村寨环境卫生初步有所改观。人畜用水吃的是大堡、后街两个水井，小堡村民多吃河水。村民饮水不大注意卫生，喝冷水习以为常，干农活回来用瓢往水缸中舀水喝个够。旧社会村民中害伤寒（村民称为“大毛病”）、疟疾（摆子）、痢疾等病常见不鲜，生瘤疮、脓疱疮等也不少。由于卫生条件差，村中又缺医少药，村民有病，信巫不信医，常请巫师驱神退鬼，花了钱而病不愈，有的久拖而导致死亡。村中有个会行医的宋元明老人，通晓中西医理，常为有病之家登门医治，一般病症，经他及时治疗，很快就好。当时医药十分紧缺，一些重病之家须进城就医，但家庭经济困难，只好听天安命，最终被死神夺去。民国二十八年（1939），安顺县政府派劳泽明来九溪开办卫生所（设在宋仲臣住房前面），夫妻都能看病，医术也很不错，一般病症能及时治好，但重病仍需进城。由于设立了卫生所，当时的一些常见病基本得到控制。

新中国成立后，在党和人民政府的重视关怀下，五十年代初，县卫生部门经常组织医疗队来村巡回医疗，给村民治病，免费打预防针；同时开展卫生知识的宣传教育，还搞一些有关卫生知识图片展览，贯彻“防重于治”方针。对饮用水井经常消毒，教育村民不要喝生冷水，做好环境卫生和个人卫生，减少疾病。此后又在乡所在地设立了卫生院，还为九溪村培训一些“赤脚医生”，使村内卫生环境逐步得到改善，小病不出村即可就医，重病者如家庭经济困难，免费治疗。大部分人家都用上了暖水瓶，时常喝上开水。过去村民不习惯刷牙，现在除一些老年男女外，男女青壮年都坚持每天漱口刷牙。

全村现有个体医疗门市七家，除重特大病外，一般病症在村内即可治好，许多常见病已完全消失。街道环境卫生由专人负责，经常打扫。

第四节　广播电视

九溪村广播电视，在七十年代还处于一个空白的时期，偌大一个村寨，仅有三家人联合购买了一台 17 寸的黑白电视机，使用自行安装的天线。每到晚上，村民争先恐后地购票观看，但看场窄小，满足不了观看者的要求。那时村民经济条件不好，购买一台黑白电视，确实很不容易。从八十年代起，在党的富民政策指引下，村民中有些富裕起来，先后有八十多户购进了黑白电视机，自己安装天线使用，基本满足了村民的需要。彩电还占极少数，都是青年中结婚之家女方陪嫁来的。进入九十年代，富裕之家多了，大多数都买进彩电。但那时各家都自装天线使用，频道少，收视效果不好，满足不了广大村民的要求。

1992 年 10 月，九溪村委为满足全体村民对文化生活的需要，将原大堡门洞拆除，改建为闭路电视差转台。投资 5 万元，很短时间修好，投入使用，使全体村民能看到更多的电视节目，增加了全体村民科技知识，使科技兴农又迈进了一步，促进了经济的发展。截至 1999 年 10 月，全村已有电视机 836 台，其中彩色电视 428 台、黑白电视 408 台；电影机一个，录像放映机六台。全村已达到百分之九十左右人家都有电视机，对提升全村村民的科学文化知识水平起到了巨大的推动作用。

第五节　文化站

九溪文化站于1989年12月2日成立，是与老年协会、储金会同期成立的。当初建立文化站，是为本村青年提供一定的娱乐场所和学习环境，里面有图书、报刊等供青年们阅读，对帮助青年们提高文化修养和增进科普知识方面大有裨益。另设有台球桌。初期，制定有文化站各项管理制度，门上端写上“醒园”二字，目的是提示青年们保持清醒头脑，在文化站自觉地开展正当文娱活动，认真地学习有关科技知识。门两旁写有一副对联“提倡健康活动；陶冶高尚情操”，目的是指导青年们奋发进取，提高文化素质，勉励互相学习，提高道德品质。但此后不久，由于文化站的管理人员缺乏正确的指导思想，不履行文化站各项管理制度，而是以营利为目的，方向搞偏了，加之不少青年对自己也不严格要求，对文化和科普知识无学习兴趣，整天以打台球虚度光阴，把文化站的主导思想置于脑后，通过打台球公开赌博，遂被公安部门查获，予以取缔。1991年初，文化站关门。

屯堡文化交流座谈会　李立洪　摄

新中国成立前后九溪大学生（研究生）简介（截至1998年）

区别	姓名	性别	年龄	族别	就读院校		时间	备注
					名称	系别		
新中国成立前	黄映龙	男	56	汉	上海光华大学	中文系	1930.9—1933.8	
	张寿齐	男	78	汉	贵州大夏大学	银行会计系	1941.9—1945.7	
新中国成立后	牟世林	男	66	汉	西南师院	化学系	1955.9—1959.7	安顺师专副教授
	牟锦志	男	36	汉	成都电讯工程学院	电机系	1981.9—1985.7	研究生
	牟银燕	男	34	汉	贵州师大	化学系	1986.9—1990.7	清镇电厂
	徐国昌	男	66	汉	贵州农学院	林业系	1960.3—1962.7	贵州农学院
	张文满	男	44	汉	贵州农学院	植保系	1978.3—1982.7	安顺市农业局
	徐　斌	男	36	汉	贵州农学院	农机系	1990.9—1994.7	
	徐　洪	男	34	汉	贵州大学	数学系	1987.9—1991.7	
	王厚康	男	61	汉	贵阳师范学院	化学系	1962.9—1966.7	毕节师范
	宋培林	男	33	汉	贵州农学院	植保系	1984.9—1988.7	
	高增洪	男	30	汉	贵州工学院	经济系	1991.9—1995.7	
	高增鹤	男	36	汉	天津经济管理学院	经济系	1984.9—1988.7	
	张明华	男	34	汉	安顺师专	物理系	1982.9—1986.7	
	胡　勇	男	34	汉	西安航空学校	航机系	1985.9—1988.7	
	张世明	男	32	汉	贵州工学院	煤矿系	1954.9—1958.7	1989年不幸死亡

续表

区别	姓名	性别	年龄	族别	就读院校		时间	备注
					名称	系别		
新中国成立后	黄 河	男	36	汉	贵州工学院	采矿系	1954.9—1958.7	
	黄 江	男	58	汉	贵州财经学院	财会系	1970.9—1974.7	
	朱红艳	女	22	汉	北京航空航天大学	航机系	1994.9—1998.7	贵阳138厂
	朱洪琴	女	24	汉	华中理工大学	经济系	1994.9—1998.7	贵州财经学院
	张明权	男	22	汉	贵州大学	经济系	1994.9—1998.7	安顺化肥厂
	黄培益	男	25	汉	安顺师专	体育系	1996.9—1998.7	跳蹬场中学
	徐 海	男	25	汉	安顺师专	化学系	1995.9—1998.7	
	朱吉林	男	25	汉	安顺师专	化学系	1996.9—1999.7	
	杨克文	男	36	汉	安顺师专	化学系	1986.9—1988.7	
	王家慧	女	20	汉	浙江大学	物理系	1995.9—1999.7	
	王家伟	男	18	汉	哈尔滨大学	化学系	1997.9—2000.7	
	牟锦坤	男	21	汉	贵州工学院	采矿系	1994.9—1998.7	
	牟庆兰	女	30	汉	贵州农学院	畜牧系	1983.9—1987.7	安顺电厂
	牟玉兰	女	22	汉	大连医学院	护士系	1994.9—1997.7	黔西南州州委办公室
	牟庆刚	男	20	汉	华北工学院	军工系	1997.9—2000.7	
	顾 刚	男	25	汉	安顺师专	中文系	1996.9—1999.7	

续表

区别	姓名	性别	年龄	族别	就读院校		时间	备注
					名称	系别		
新中国成立后	陈茂和	男	25	汉	安顺师专	中文系	1996.9—1999.7	
	宋　军	男	25	汉	安顺师专	体育系	1997.9—1999.7	
	张明志	男	24	汉	安顺师专	物理系	1994.9—1996.7	
	张明静	女	21	汉	安顺师专	物理系	1995.9—1997.7	

第七章 社 会

第一节 道德风尚

九溪村民素有刻苦勤俭之品德，尚儒重信，犹存古风。士农工商，各得其所，敬老扶幼，礼重人伦。清道光至光绪年间，出了一些文人，唯知务学，以德自重，品行清高，足不至县，非公不至官厅①。稍有闲余，志同道合者三五人或六七人，至家中切磋文事，以相砥砺。农民则致力于耕耘，不知他务，除纳赋税，送田租外，尚有终身埋头田野而不入城市者。妇女尤为勤劳，白天耕耘在田土，晚间或做鞋或缝补或打草鞋于灯下。男女服饰，朴素大方，纵是富有之家，亦鲜着丝罗绸缎。贫家妇女，衣冠虽破但洁净，打补丁的针脚极为细密。冬天到来，文人秀士冠以风帽、毛帽，士非贡举，不敢冠以红心②。农民多戴毡帽，外包头帕。饮食也甚简单，盘中均为园中土产，若亲朋好友到来，则酒肉不吝。

---

① 清顺治九年（1652）御制卧碑文八条，颁行天下学宫，曰："生员不可干求官长，交结势要，希图进身。若果心善德全，上天知之，必加以福。生员当爱身忍性，凡有司衙门，不可轻入。即有切己之事，只许家人代告，不可干预他人词讼，他人亦不许牵连生员作证。军民一切利病，不许生员上书陈言，如有一言建白，以违制论，黜革治罪。"风行既久，士民皆以不入公门、不见官吏为荣。

② 红心指贡生、举人等戴的有红缨顶珠的帽子。清人等级森严，衣帽皆各个有等，不可僭越。◎《续修安顺府志》卷十六："饮食简单，盘中无非土产，山珍海味，视为奇珍。房舍朴质无文，其阶不过一级二级，若至三级，已非寒素（二字原误'缙绅'）之家所有。房高则一丈五尺八寸、一丈六尺八寸或一丈七尺八寸者居多，丈八八者已极鲜见。御寒则冠以风帽，士非贡举，不敢冠以红心；非廪附不敢饰以红边。"为同治时期风俗。

房舍古老朴素，明清两代的茅屋颇多，直至民国二十年期间，仍有数十家存在，终绝于二十世纪七十年代末至八十年代初。其时，村中经济宽裕者，皆弃草屋而建石板房。房高多为丈六八或丈八八，也有少数是二丈一尺八者。迁幽出乔，人心不变。

九溪有称为“客家”者[1]，妇女缠足，均为文士家庭。村民素有尊老遗风，对德高望重者诚以敬之。一些德高望重的老人，对民风要求极严，村民中如有衣冠不整——斜戴帽、反穿衣者，老人们见之，常予训诫；妇女清晨挑水不包头帕或穿衣不整者，都加训斥。而被训者唯唯诺诺，不敢顶撞。若是见到不乐教[2]之事，则加以开导，村民们都能自觉改正。由于街道狭窄，为维护村民来往秩序和街道整洁干净，村里订有乡规民约，如曰：村内外赶马之人，不得骑马过街，以防伤及老幼；水井周围，严禁洗衣洗菜或其他脏物；大街上各家门口，不准堆放脏物等，多年来无人违反。

村中各姓均以族中长者训导族众，传承礼义。如子女孝顺父母、媳妇尊敬公婆等风尚，都被村民自觉尊崇，引为荣誉，反之，则必遭街邻白眼、议论，使忤逆者在人前感到羞愧而顾廉耻之风行。村民之间的纠纷，寨老们乐于帮助解决，孰是孰非，秉公判断，不怕得罪人，并耐心开导，以和为贵，息事宁人。老人们的威望和他们的公正无私，使村内免去了许多是非，村民间得以相安而居，无诉状于官府，九溪村因此获得“仁里多贤”的美誉。清光绪末年，县台吴大人上任三年后，翻阅农村诉状，九溪村作为全县最大的村寨，竟无一张讼纸。吴大人甚为惊异，即派人下来察访。得知无诉讼的主要原因是村内德高望重的老人好“管闲事”，能大事化小，小事化了，故没

---

① 《镇宁县志》卷三：“（汉族）其移徙来源最早者，为明洪武初征南屯田实边之军队（多为苏、赣籍），次为明清两代游宦之文武官吏及其部属佐杂暨遭遣戍者，再次为因经商及做工至县落籍者（盛于清末及民国，多川、湘籍），故土著苗民呼汉人为‘客家’，盖喻为远来做客也。”此处所言，当亦土著称后来者为客，故男多文士，女不缠足，非民族之称也。

② “不乐教”原稿作“不顺眼”，意有携私。古以礼乐教化，方言有“乐教”之说（方音“乐”读如“落”），故改之。

有官讼。县台大人听了之后，随口赞道："此村真称得上仁里多贤![1]"民国二十八年（1939），安顺县县长解幼莹来九溪视察，耆老们陪他闲坐。解县长问及九溪民情方面，老人们说九溪民风淳厚，并陈述了村内纠纷解决之法和村民从不到官府打官司告状的缘由。当解县长听到九溪"仁里多贤"的来历后，即兴挥笔亲书"仁里多贤"四字横幅。尚武乡公所将此横幅刻于条石之上，嵌在袁家门楼上端，1951 年修公路拆除此门楼时，将此石毁坏。

新中国成立后，九溪古老遗风，只留存在部分老人心中。随着改革开放的深入，村内少数青少年沾染了一些不良习气，是非不分，即使用古老遗风对他们进行教育，也只是"隔靴抓痒"，起不到什么作用了。这些青年人心灵空虚，没有树立正确的人生观，有的虐待父母，有的不尽赡养责任，有的则走上犯罪道路。但这些都不是主流，村里仍有大部分青年敬老尊贤，孝顺父母，主动为村里做好事，秉承着九溪的优良遗风。村委对这些好人好事进行了表彰和鼓励。老年协会则对孝顺父母的好儿女、好媳妇进行核查，并用板报形式写出他们的事迹，进行宣传，又与政府关工委积极对接，建立了村级"关协"组织。村支两委和老年协会利用各种场合对下一代青少年进行教育，树立正气，打击歪风，为九溪青年树立正确的人生观，成为有理想、有道德、有文化、有纪律的人奠定了基础。

九溪村老年协会，自 1989 年 12 月成立以来，在"老有所为"方面发挥余热，继承和发扬九溪古老遗风，为桑梓办了许多实事、好事，以实际行动来启发教育青年人，起到了潜移默化的作用。

第二节 宗族与家庭

九溪村民以氏姓为基础，同祖共宗的一姓即为一个宗族。清明祭扫，各宗族自行集体祭祀；同姓不同宗者，则以其亲支聚集祭扫。此外，亲连亲和最莫逆的亲朋至友，平时各理门路，但如遇谁家有大务小事，有请必至或主动上前帮忙，哪怕自家的农活再忙，也要挤出时间上前以尽友谊之情。

---

① 孔子赞"里仁为美"。光绪十六年（1890），河南人吴履坦任安顺县知县。此系传说，不必其人。

同姓为宗族之本，俗称为“本家”。九溪各宗族均未建有宗祠，多数姓氏也无家谱。朱姓中原有一“晒神房”，原以为是朱姓宗祠，经笔者走访朱正荣老人，才详细了解了“晒神房”的来龙去脉，此房乃朱姓中的一个小分支。这支人在原籍时，就信“五显菩萨”，“调北征南”来九溪，定居后仍延续原籍习俗，建房供祀。每年农历九月二十八这天，他们都要杀猪祭祀，用猪头、雄鸡、豆腐等作为供品，要连续祭祀三天，新中国成立后到现在，就只祭祀一天了。这种宗族活动形式一直沿袭下来，亲朋至友之间互相帮助的习俗就能不变，人与人之间友好往来的情谊就能不渝。

除宗族关系之外，在社会交往方面，还有认干亲的（又称之为“打干亲家”）习俗。认干亲家主要有几种情况：一是“解脱病邪”，由孩子一方请“先生”算命，为所认干亲定方向、定姓氏、定属相等认“保爷”；二是双方有往来，为了使情谊更深，双方商定认“干亲家”；三是对方比自己强，为寻找靠山，自愿上门认“干爹”“干妈”；四是因家无子女，希望后继有人，主动认“干儿子”“干女儿”；五是为让孩子长得乖，主动上门给孩子找“干爹”“干妈”认干亲家。为了亲上加亲，也有将干儿干女互相婚配的“湿亲家”。新中国成立后，随着时代的发展，这一习俗也在逐渐消失。

九溪村民的家庭，几百年来都以大家庭为基础，小家庭较少。大家庭以年长者为“家长”，俗称“当家”。小家庭充当家长者多为男主人，大家庭当家长的大多为父母或祖父母。一家行止作息，悉听家长指挥、监督，财产出入由其经营处理。妻入夫家，则以夫姓为头，妻姓为次，称为某某氏，也有少数以妻名呼之者。无子嗣之家招婿上门，以妻方为家，赘婿改其姓，并当着妻族之面立下契子文书，不准刁难或唆使妻子还宗，如要改回本姓，须得三代以后。家务事多为妇女操劳，媳妇众多之家，如未分家则轮流分担，有半月或一月之分，名曰“做锅灶”。无子嗣者，富裕之家有纳妾之习，俗称“讨小”。“养儿防老，积谷防饥”，旧习甚深。妻子进门多年不生育者就要离婚，男方总要付给一笔包休费，日后男婚女嫁，各不相涉。

新中国成立后，九溪村的家庭组织，随着时代的进步逐渐演化。五六十年代大家庭居多，七十年代后，子女成婚自立门户的多起来。改革开放后，凡有两个孩子的家庭，一旦结了婚，不久就分居自立，父母也乐意这样做。

旧时宗法，渐行渐远。

五十年代初期，中央人民政府颁布了《婚姻法》，并雷厉风行贯彻落实，废除了千百年来的男尊女卑思想，破除了旧婚姻制度，男女婚姻逐步由父母包办向自由恋爱方向发展，父母也逐步转变观念，不多强制。夫妻平等，婚后各用自己的姓名。无子嗣之家接婿上门，已不用改名换姓。老年妇女的称呼，有呼其姓名者，但多数仍以某某氏呼之。

今日之九溪，大家庭中有三兄四弟者已不多了。即使只有两兄弟的家庭，一旦婚后，就会各立门户，父母则独居。有点积蓄的父母，可以自给，不需子女赡养，但有些家庭，父母年老体弱，又无积蓄者，子女互相推诿，赡养方面问题很多。有的子女不尽赡养责任，有的使脸嘴、恶言顶撞甚至打骂，使年老父母饱含泪水度风烛残年。尽管有这些消极因素，但在整个村中，还是有不少尊老、敬老、爱老、养老的和睦家庭，顽强地传承着九溪村的古老遗风。

第三节 民情风俗

甲 社交

一、一般应酬

男女界限极为明显。女性成年之后，不能在社会上抛头露面，封建礼教极严。行不与男子同路，坐不与男子同席，接待亲友无同性者在场，则不敢入内。

普通相见，文士之间都行点首礼。如系生客登门拜访，彼此必揖，客人入座后，主人以茶款待。熟客坐久，留之便饭；招待生客，须正式备饭，亲友作陪。

进入腊月下旬，宰年猪，邀亲招友共享，谓之“请杀猪饭”。或正月新春，多备酒饭以请亲友，谓之请“春客”。被请者亦备席以报，称为“还席”。

四时馈赠，农历端午节则亲朋好友之间以粽子、面条、米粉等互相馈赠；八月十五中秋节，以点心、月饼、梨子、黄果等相赠；年节以米粑、点心、饼子、火肘、糕点、黄果等物相送。

二、庆贺

凡遇亲朋好友婚嫁或生子、迁居、建筑落成、营业开张、考试中选以及其他可喜之事，都要备礼前往祝贺。主家接受礼物，则备以筵席，以示答谢。普通村民的父母寿辰，不大讲究，而德高望重老人的寿辰，亲友及乡邻则均备寿礼庆贺，如送寿匾、寿联、寿屏、寿星塑像等，谓之“做生”。九溪村前清秀士宋瑞徵老人进行过两次“做生”：第一次在民国十七年(1928)，是老人六十大寿，众亲友赠送“望重乡闾”寿匾及寿联一副。第二次在民国二十七年（1938)，是老人七十大寿，亲族挚友及乡邻赠送了寿屏、寿联、寿匾、寿星等。其中“星辉婺焕”寿匾由著名书法家任可澄先生书写。寿联上联是“夫妇共齐眉椿萱荣时欣舞彩”，下联是“儿孙同绕膝桃李满园庆称觞”。

三、吊唁

亲友逝世，均备香、烛、纸钱、爆竹等往丧家吊唁，俗称“烧纸”。丧事初，丧家请阴阳先生择定出殡之日，随之请人往亲友处报信。如女性逝世，最主要的是向外家报丧。出殡前一天，外家的妇女要来哭灵，谓之“做外家”。外家于出殡前一天，则备上祭礼如猪羊、香帛、纸火、爆竹等前来下祭。主家赠以孝帕、孝衣等，并备酒饭招待。挚亲好友有送实物的，如祭幛、挽联，也有直接送钱、送米者，谓之“送干礼”。

此外，如遇至亲好友遭到不幸之事，如水灾、火灾、重病住院或其他事故，也要备具礼物，前往慰问。有事之家接受后，随茶便饭待之，无须正式应酬。受慰者深表感谢，慰问者亦深表同情，多方安慰。

新中国成立后，随着社会发展，人们的精神面貌也发生了新的变化。旧的封建礼教和习俗，也随着时代的进步而摒弃，一些繁文缛节也随之消失。妇女在政治上彻底翻身解放，男女平等，有参加政治活动的权利。但老年妇女封建意识还比较深，行不同男行，坐不同男席，在某些场合中，比较突出。新中国成立后在二十世纪五六十年代成长起来的男女青年，仍受旧思想的约束，到改革开放后，情况大为改变。生客登门拜访则备饭招待，熟人则听其自然。逢年过节请“杀猪饭”或请“春客”的，比过去要稀疏多了，但这种习俗至今仍保持下来。四时馈赠已不盛行，但至亲好友逢年过节互赠之习、村中请人帮忙则备礼物酬谢、亲友去世备香蜡纸烛爆竹前往丧家“烧纸”等风俗一直沿袭下来，而择期出殡报丧、做外家、下祭、送礼等，仍遵旧俗。至于亲朋好友，婚嫁、迁居、建筑落成、营业开张、考试录取、参军以及其他可喜之事，备礼往贺，受礼之家，则备丰盛酒席答谢，比旧俗更为讲究。

乙 婚姻

村民开亲，旧亲联姻者较多，新开亲的也不少①。男子至十四五岁，父母即为说亲，即请女方之亲者赴女家求婚，以为“内媒”。若女家允许，即以女儿的生辰给媒人，令男家合婚，名曰“讨庚”。如能配婚，男家复请人至女家求婚，以为“外媒”。至此，媒人于男女之家往返。如女家同意，男家便可择吉行订婚礼，备首饰、布帛、线草等聘礼，并在红鸾书贴写上男庚曰：“乾造某年某月某日某时”，请媒人送至女家。女家受礼后，随于鸾书贴上写女庚曰：“坤造某年某月某日某时”，付之媒人，由媒人转送男家作订婚

屯堡婚俗 李立洪 摄

① “婚姻多系旧亲，亦有新亲者”，并见道光《安平县志》《永宁州志》及咸丰《安顺府志》。

之据。订婚后，女方则抓紧时间做针线：纳袜垫、绣枕头、做男方一家人的鞋。两姓联姻，随之往来，名曰“会亲”。一俟男女长成，再行婚礼。

婚前数月，男家将择定喜期，备酒醴、布帛之类，请媒送至女方家，名曰“报期”。女家则以预制的床被、衣物、家具等（名曰“嫁奁”）做准备。婚前一天，男家以所备之簪环首饰及肉、茶食、果品等请媒送至女家，名曰“过礼”。女家随将预制之床、被、家具等备以接待。到期，男家以彩轿、唢呐、鼓乐，由一押礼先生和接亲女性二人、其他接亲者数人，扛彩旗、挑鸡鸭，抬礼盒至女方家迎亲。女方上轿前，要请一属相相合之女性为嫁女梳头挽髻，坐等时辰并哭泣以示和父母离别之意①。时辰到，由女之兄弟或内亲之人背至轿中，由属相相合的两位女性送亲。彩轿至男家门口，设祭桌于轿旁，由一老先生口念下轿经文，祝告喜神，名曰“回车马”。仪式完成，新人下轿，由男方家请一女性把新妇背出轿门，与新郎同拜天地祖先，随后送入洞房。

新妇至男家后，凡村内与女方家比较亲近的亲戚，都要备饭菜一碗送至新娘处，名曰“送饭”。次日早上，新婚夫妇由送亲女性扶引新郎新娘立于堂屋前，点上香烛，由一司礼先生按顺序呼亲朋好友之名，被叫到者即将备送新婚夫妇之礼物送至收礼处，新郎则叩头拜谢，名曰“丢拜钱”。三朝内闹新房，辈分不分大小。三朝满，发客。是日晚间，亲族中一家要接新婚夫妇去其家打坐片刻，备点夜餐招待，名曰“走破路”。片刻告谢回家，当晚厨师备席一桌，放置簸箕内，新郎全家共桌而食，新妇则稍坐抬碗一下即离座回新房，名曰“吃团圆饭”。

第四天，送亲者吃过午饭后告谢男家回程。女方家择期由兄或弟到男家

---

① 咸丰《安顺府志》卷十五：“女母以男家所择吉日时，择少妇重庆、具庆而有子者，为女括发，名曰上头。上头讫，以笄簪之，故亦名笄。笄之时，女号泣，父母皆泣。”所谓“重庆、具庆”，明宋濂《〈望云图诗〉序》：“人之壮年有大父母、父母俱存而号重庆者矣；下此，则父与母无故而号具庆者矣。”非止于属相相合。礼有礼仪及礼仪，恶其繁文缛节之仪而欲求其节外和内之宜，是所谓皮之不存毛焉附也。重庆、具庆，有家族重托；属相相合，禁忌而已。礼义因简而陋，礼仪因简而坏，其去大邦亦远矣。

接新婚夫妇去做客，名曰“回门”。男至女家，则以女家亲族多少，备足礼品，逐一馈赠；亲族则备席请之，轮流招待，名曰“待女婿饭”。最后由女方家备席以还。新妇十天半月后，再由新郎接回。

新中国成立后，随着《婚姻法》的颁布，旧式婚姻习俗，大部已经消失。五十年代初期，区里常派有工作组住九溪，如赵东昭、陈景先、张继曾、余凤（女）等，在他们的宣传组织下，成立了青年队、姊妹队，鼓励男女青年要解放思想，婚姻自由，冲破旧封建婚姻制度。一些男女青年接受了新思想，经过一段时间恋爱后就进行新式结婚，在毛主席像前行三个鞠躬礼，遂结成夫妇。青年中张文国与宋华元就是这样举行的婚礼。

1952年2月，成立了九溪乡人民政府，工作组撤走，旧婚姻制度又照样实行。花轿虽被砸了，办婚事之家，将大方桌翻过来，周围套上红毯，当成轿子往女家接亲。

1951年国家公布了《婚姻法》，凡结婚男女青年须到乡人民政府办理结婚登记，领取结婚证，始能结婚。但这一套管理方法，到“文化大革命”时，由于公社机关受到冲击，工作处于瘫痪状态，无人管理，有不少男女青年结婚很久后才补办结婚手续，领取结婚证。《婚姻法》的实行，男女婚姻表面虽不由父母包办，但请人从中介绍、互相认识达到自由恋爱而结婚，仍是需要的。进入六十年代，男女青年婚姻又有新的发展，一经媒人介绍认识后，经过相爱，确定终身。女方向男方提出要“对象钱”，从几十元逐步升级到百数元。结婚时，初期用马车至女方家接亲，七十年代又发展为用拖拉机迎接新娘，到八九十年代后，接新娘已普遍改用汽车了。

进入九十年代，男女青年结婚又有了新的变化。女方的“嫁奁”由男方置办，但更多的还是女方。女方家庭比较富裕的，陪嫁之物不仅质量好，而且种类也多。如电视机（早期为黑白，后改彩色），还有洗衣机、收录机、缝纫机，以及嘉陵牌摩托车、手表、沙发、火炉等。婚前一天，请媒人和一男青年用挑篮把女方所要的针线、布帛和彩礼钱送至女方家，还需加上百斤以上的猪肉；回来时，女方则将所备新郎的衣物和其他物件、“满家鞋”等返回。一切就绪，男家于当晚备车往女家迎亲。过去宴请宾客有三天，现在只一天。但对送亲者以及扶亲之人的要求，仍照旧俗。吃“团圆饭”习俗不变。“回门”礼有所改变，婚后第四天，新婚夫妇即可“回门”，但可不住女家，当天双去双回。亲朋至友送钱送米随礼的习俗，相沿至今。

丙　生育

婚后初次生男育女，携雄鸡至女家报喜，女家则报以雌鸡回。三朝满，男家则打米粑请亲族妇女进食，名曰“三朝粑”。半月左右，女家亲族数十人，由女方娘家招集并将预制之背扇、小儿鞋帽衣服、甜酒、米粑、鸡蛋、猪肉等送至男家，名曰“做大客”。娘家亲族挚友之妇女也随带米、肉、蛋等以赠。时至今日，“做大客”的习俗比过去更为讲究，时间上持续三天，客人数多，款待尤丰。男方家之亲友在未满月之前，陆陆续续地送来肉、蛋等，俗称“送人亲”（也有还礼者）。满月后，男家备席酬谢，俗称“满月酒”。

新中国成立后，这一传统习俗仍沿袭下来。随着时代的发展，从七十年代起，党和政府把“计划生育”工作列入基本国策，采取了各种有力措施，政策深入人心，村民的思想认识全面得到提高，克服了重男轻女的旧传统思想。九溪村的青年妇女凡已生育两个孩子的，都能自觉去做结扎手术，改变了过去外出躲避生育的行为。村民中对计划生育也有了新的认识：有的村民认为计划生育是关系到国家经济建设的大事，主动教育子女或媳妇去做结扎工作，改变了过去的抵触情绪；许多青年妇女也认识到，有两个孩子负担不重，拖累少，教育孩子也容易，即使进校读书也供得起；有的青年妇女认为，生育两个孩子，只要尽心管教，容易尽快脱贫致富。现在全村青年妇女，出外打工的有一百多人，这些人主要是没有孩子拖累；有的在家发展副业，如养鸡、养猪等；有的出外经商。原来穿长衣大袖①的妇女，由于经常外出，也改为了现代化的穿着，既时髦，又利于外出工作的需要。这些青年妇女，由于眼界开阔，都把居所装饰成了现代化的样子，不仅讲究个人卫生和打扮，而且把家庭处理得井井有条。也有不少青年妇女还学会了打麻将，整天不回家，把时光消磨在麻将桌上。

---

① 即屯堡女装，俗称“凤阳汉装”。所谓“头上一个罩罩（头帕），耳边两个吊吊（耳坠），腰间两个扫扫（腰带），脚下两个翘翘（翘翘鞋）”是也。

丁 丧葬

九溪丧葬，多遵旧俗。父母临终，即将其移至堂屋，扶坐椅上，并将两足踏于碗上，为其剃发、沐浴、换衣（女性不剃）。一俟气绝，则移停门板上，头内足外。此时，一面以纸钱三斤六两于足前焚化；一面将所睡之床草于村外焚烧，并以白纸裁为长条，交叉贴于大门两边和神堂上，以示有丧。死者足前设灵堂，请道士先生为亡者念“开路经”。写上亡者生死年月日时的灵牌，置于足前。死者入殓后，盖棺留一小缝，掩棺时死者家属看上一眼，以示永别。棺材下以红纸捻成七条纸捻，放入盘内，掺上菜油点燃，名曰“七星灯”，出殡之前不能让它熄灭[①]。门外插一长竹竿，顶端挂上用白纸为主其他色为辅，扎成圆形长条，长条上用红纸条横着围住分段，按逝者的年龄，60 岁为六段，80 岁为八段，俗称“望山钱”。丧家择定出殡期，多选有葬日者，有在家三五日或六七日不等。出殡前一天，外家及女婿都于是日来下祭；至亲好友也要在这天来送礼烧纸。晚上，道士为死者做法事，俗称“做道场”。女性死者，其女儿或侄女要点“药师灯”[②]。有声望和富裕之家，要为去世的父母“开堂点主”，由丧家请一德高望重的老人为逝者祭奠。祭时高设供桌，摆上祭品，由两司礼先生按仪式指挥。除大宾外，还有读经、讲书、歌诗、读奠章等仪式。丧家要为逝者制一神牌，由大宾于牌上书写亡者姓名、寿龄及生死年月日时和孝子贤孙名字。点主仪式以读奠文为结束[③]。

---

① 咸丰《安顺府志》卷十五：“亲终，沐浴后著衣冠，扶至中堂，举哀、奠祭、殡殓。殓有大小，称其有无。有用僧道书写灵旛，名曰开路。既入棺，燃灯于棺下，名曰地龙灯。”

② 点药师灯，谓女儿或侄女为替死者祈福消孽，请道士为之点灯，并诵《药师经》。◎清净挺《药师经灯焰》曰：“也不要你参禅，也不要你念佛，只四十九日礼拜称诵这药师经，身口意业，自然清净，多生罪障，累劫冤牵，一时冰释了也。悟与不悟，了与不了，且漫商量，洒洒落落，做一个光明洁净有道的人，多少受用？三涂地狱，自然羁绊汝不着了。”

③ 咸丰《安顺府志》卷十五：“延宦及有德齿者为大宾，礼生接大宾就馆，孝子设席宴宾，歌宴宾章；大宾若不当主人之礼，执事为歌答主章。宴毕，就点主位，孝子拜见，复捧主拜见，刺孝子指血，以血润笔授大宾，执事赞辞，点‘神主’二字。大宾赞主毕，孝子叩谢，捧主供养，大宾复行妥主礼，统此名曰点主。”

晚上，为亡者“伴灵”。丧家男女亲族人等，手拿燃香一炷来回于灵柩围绕，俗称“绕棺”。道士唱念经文，通宵达旦。

在治丧期间，一到晚上，邻里乡亲聚在一起，在单调的大皮鼓伴奏下唱“孝歌”。其内容为历史传统故事或教愚化贤故事等，如遇对手，则昼夜难分高下。九溪村内有一孝歌能手黄志云，远近闻名，有他在场，听众久坐不散。

祭祀场景　李立洪　摄

出殡日，村中壮劳力抬灵柩，唢呐、鼓乐、鞭炮伴随至葬地。丧家将亲朋好友送的祭幛、挽联、鞭炮等送至葬地。送葬队伍前，由一人撒“买路钱”引导。灵柩送至葬地，有葬期则葬，如无葬期，则将其搁置于葬地，待期安葬。灵柩起身后，孝子手持“哭丧棒”俯身而行。媳妇、姑娘则送至村外即回。

葬后三日，要到坟上添土，名曰“复三”。百日和周年要给死者写白包焚化。满两年半，始将孝服除去①。

新中国成立后，九溪村丧葬习俗仍沿袭下来。随着时代的发展和经济条件的好转，丧葬形式也发生新的变化。一旦父母去世，灵前挂父母遗像，播放哀乐，给亲朋散“满孝”（一块约五寸宽的白布），孝男、孝媳、女婿、姑娘、内侄、义儿、孙男孙女均穿孝衣；对死去的父母，均点“药师灯”、拜“上路佛”，还有为死去多年的父或母发“阴船”的，也有极少数之家行点主礼。亲朋好友送礼仍照旧俗。自 1997 年开始，为移风易俗，改变旧风，村委对丧家写出通知，除丧家穿孝衣、戴孝帕外，一律不准散“满孝”。此后如有丧事之家，均按此办理。丧家在安葬父母时都立上了墓碑，过去由于经济条件差，很多人家没有立墓碑。

进入八十年代，为积蓄办理丧葬费用而兴起的“约会”颇为兴盛，有“老人会”（为父母而约的会），有“四老会”（父母、岳父母），有“外婆会”（妇女约的会）等。这些会，以缓解办丧事的经济压力为目的，如遇某家丧事，由会首通知会友，将钱粮炸给丧家（不加息），同时还要出人为丧家出力送葬和安葬事宜。这是民间一种互助性质的约会，虽无严格的会规，但参会者必须自觉遵守契约精神。

戊 各种习俗

正月：初一日，村民以睡为主，有“三十夜守岁，年初一请睡”之俗谚。是日，不串门，不烧粑粑、不动刀、不扫地、不倒水等，所有饮食都在除夕之夜安排好了，无思无虑、蒙头大睡，正是对一年辛苦劳作的犒劳。

初二日，小孩早上到各亲友家拜年，亲友家给压岁钱或糖果。村民有挑“银水”之俗，给自己挑或给其他人家挑，接到“银水”之家则以米粑回送。

初一到初三，村民有两个习俗：一是出行。一般是家庭主要劳动力的夫

① 咸丰《安顺府志》卷十五：“三日，备香帛、酒醴、猪羊，祭后土于坟山，曰复三。每七日化钱，曰烧七。至四十九日，延僧道诵经，曰做七七。至百日、周年、除服，均诵经如前。世族有不讽经伴灵者，各从其家教之所承也。”“复三”，道光《安平县志》《永宁州志》并作“复山”。又脱服之期，古有二十五月除者，有二十七月除者，无所谓“两年半”（三十个月）。作者撰此书，多藉经验，未加深考，如“复”字原写作“服”，“药师灯”写作“钥匙灯”等，不必苛求。

妇，带上香蜡纸烛到是年大吉大利方向的土地庙敬土地神，祈求新的一年发大财。回家时，折一些茶叶枝带回，以示抱“财”（土音“财”与“柴”同）归家之意；二是到亲人坟前拜年。备上果碟、香纸、鞭炮，家主带上一家人到墓地为祖先拜年。习惯上以逝去时间最近的亲人为主。

正月初九朝山拜佛　李立洪　摄

初九日，乃玉皇大帝圣诞。是日，村中年老妇女准备香、纸及“阡张”（用黄纸包封的纸钱）进庙焚化[①]。还要花钱买一张黄纸印制的“佛票”（又称之为“朝山票”）戴在头上，以示敬意。

十五日元宵节，家家户户灯烛闪亮，以庆元宵，俗称“过大年”，有“年小十五大”之说。晚上小孩们三五成群，手拿一柱燃香，于大街中东奔西跑，口念“正月十五撵野毛（猫），撵走上街下街跑”，闹过一阵，各自回家。这天，各家门头上要放上一些“老虎莿”，以祛邪避祟，保一年清洁平安。

① “阡张”，亦称阡纸。明沈榜《宛署杂记》：“各家祖先，俱用三牲熟食，货草纸细剪者为阡张，供其前，俟三日后焚而彻之。惟佛前则供用果面，阡张至元宵罢，乃焚。”◎旧日春首设清醮、火醮会以祈平安，官民参与。民间有迎祀大王菩萨、灵官菩萨、关圣帝君、傩神等习俗。此处求玉帝而得佛票，虽云三教可同一，而实为礼坏于朝，民无所使由，乱拜山头尔。

在此期间，有亲友间相互“请春客”的习俗。

十五过后，各行各业自理门路经营。

从年初五六或初八九起，九溪都要进行地戏表演活动。新居落成的人家，有请地戏队去“开财门”的习俗。

新中国成立后，随着社会进步与发展，许多旧俗自行消失，如“请春客”“拜年”、挑“银水”等。但旧习在老年妇女中影响甚深，对一些忌讳心存敬畏，如新春头上出远门，要看好出行日子才能离家。妇女初九日要“上九”，年年如此。现在，风俗移易，旧日祀神祈福的活动，变成各种文体活动，如举办篮球赛、唱山歌、象棋比赛等。从 1997 年开始，恢复了九溪村多年来进行的迎春活动，将每年正月初九日定为村里的“迎春节”，持续开展各种文体活动，从而丰富了春节期间村民们的文娱生活，提升了村民的生活质量。

二月：春社前，村民中有新坟未满三年者，均具备香、蜡、纸、烛、爆竹等到墓前祭扫，谓为“拦社”[①]。有“新坟不过社，老坟上到三十夜”之说。

串佛　李立洪　摄影

① “拦社”似当写作“蓝社”“阑社”。唐代饮宴时，轮流斟饮，至末座，称蓝尾酒。白居易《岁日家宴戏示弟侄等》：岁盏后推蓝尾酒，春盘先劝胶牙饧。“蓝”即“蓝尾”，取最末之义，与“不过社”之意同。

十九日，相传为观音菩萨圣诞。老年妇女带上香帛进庙礼拜，并买上一张“朝山票”戴于头上。是日，妇女中有“敬神”者，要请先生用红纸或绒布更换信奉观音的金身，有初一、十五两天吃素的习俗，名曰“观音斋”。

新中国成立后，二月的习俗仍沿袭下来。本村宋绍明老人（男性），原为出家之人，后被逼还俗，但一生不婚，常年吃素，八十年代初，至云鹫山再为僧。

三月：初三日，俗传为王母娘娘“蟠桃会”。是日，村中老年妇女至晓礼山做会。庙内和尚栽上一根桃木（由桃树上砍下的树椏），用米面做成大、中、小桃子（染红色）插于上。做会人出钱买桃，钱多者得“头桃”（一个），次者得“二桃”（一个），其余“三桃”，数量较多，凡出钱少者每人可得一个。不少老年妇女花钱买一根线拴的小石头回家，俗称“拴小猪”，拿回家中系在猪圈内，以示养猪顺意。

每年清明节，村内各宗族聚在一起祭祖，俗称“上大坟”，嗣后各分支再上“小众坟”，再祭自家祖先，断断续续要进行十天半月。上大坟由各姓氏中一家或数家当一年的头，主持其事。旧时各族都辟有专供祭祀的田租或地租，上大众坟都不须自掏腰包。

新中国成立后，在五十年代至七十年代，各族上大坟多有中断的，直至改革开放后，所有姓氏都恢复了上大坟活动，热闹异常。清明节这天，在外地居住的各族支系，都要来始祖的衣胞地祭祖。现在各姓氏清明祭祖，均按各家参与人数（大小不论）凑钱凑米，轮流当头。结婚生育之家，不论生男生女，逢上大坟时，须买一只雄鸡祭祖，供族众享用，已成惯例。

四月：逢立夏这天，村民中家家户户都要煮鸡蛋吃，每人一个，俗称“躲立夏”。新中国成立后，此俗照旧。

五月：初五日为“端午节”。是日，村民中有在住房周围洒雄黄、大蒜等，驱避蛇虫。还要吃粽子、煠肉、糍粑等。午饭后，三五成群至老青山游玩，俗称“游百病”；回家时，顺路带些草藤（土名“三角风”）至家中洗足，可治脚气[①]。是日，有摘艾叶放置神堂上之俗。

十三日，俗传为“关圣帝君”的“单刀会”之日，如遇有雨，称之为“磨刀水”[②]。妇女也有于这天做会之习。

端午节的习俗，古今同然。新中国成立后，随着时代的发展和人民生活不断改善和提高，过节气氛十分浓厚，全村杀猪比平日要多五六头，村民购肉者比平时要多。

六月：初六日，俗传为土地菩萨诞辰。村民有做“六月六会”之习俗，参与做会者虔备香蜡纸烛、爆竹及“刀头”[③]、雄鸡等至村外土地庙前祭供，并贴上红对联，上写“佑一方清吉，保四季平安”。祭毕，与会者会餐。

二十四日，为马王菩萨圣诞。养马之家互相邀约做“马王会”。备香帛、纸烛、爆竹及供品至马王菩萨座前祭供，事毕，与会者打一次“牙祭”。

九溪村北三里，有一块自然石，形似人样，称之为“石将军”。六月初六日，有妇女带孩子向此石敬献“将军箭”一支，祭后吃饭，以为可为孩子解脱劫煞，保其平安；又令小孩作啃石状，以为可消除夜间“挫牙”恶习。

新中国成立后，六月六这天做会不太时兴了，但养马之家到“马王会”这天仍沿旧俗，引小孩吃饭、献将军箭等俗仍保持下来。

七月：初七日，村妇有做“盂兰会”之俗。十五日为“中元节”，俗称“鬼节”，各家各户在堂屋侧边挂上“祖宗牌”[④]，供桌上供时鲜果品。有初一日接祖先回家的，但多数都在初九日。每日早、中、晚，做供品祭祀、焚香化纸。至十四日晚，各家各户要将提前包好的纸钱（俗称“包袱”）进行

---

① 三角风又名三皮风，即爬山虎。李采兰《贵州民间药物》：“苦涩，无毒。祛风，解毒，接骨。”

② 咸丰《安顺府志》十五：“十三日，为关圣帝君磨刀胜会。前后数日有大水，曰磨刀水。”

③ 刀头，指煮半熟，切成块状、肥多瘦少的猪肉，专用祭祀。

④ 祖宗牌如挂画，长三尺余，宽二尺余，四围印有二十四孝木刻画，中间空白处自写祖宗世系，昭穆名姓。

火化。“包袱”封面上分别写上各位祖先名字，以示阴曹收用①。晚上，放河灯，俗传为送数日前接来歆享的祖先回程。“河灯”用南瓜、果壳等制作，置于九溪河中，随水漂流，河岸两旁，观者如堵。是日，老年妇女必做会。此俗至今沿袭。“四清”时，全村“祖宗牌”几乎收光烧尽。运动过后，各家各户又重新购买“祖宗牌”进行祭祀②。

八月：十五日为“中秋节”。晚上，供祭“月亮婆婆”。是日，家家户户打糍粑、吃月饼、瓜果等，有饮食摊贩卖糍粑。有夜送南瓜给婚后多年不生育者以祝宜子之习，受者深表感谢③。“中秋”习俗从未间断，随着时代的发展和村民经济条件的好转，过节消费水平也随之改善和提高。

九月：初九日为“重阳节”。是日早，有打糍粑习俗。饭后则至田间忙秋收。

二十八日，俗传为“坛神”圣诞，村民中有极少信奉之家，早上以米粑祭供，下午则供祭甜酒、刀头、雄鸡等。也有个别人家请“端公”到家来“庆坛”，以求平安④。传说坛神来时，人数不少，锣鼓喧天像唱戏一样，三两天才结束，故娶新妇之前，也要先“庆坛”后再办喜事。有“坛神”之家，只逢坛神生日供祭，余节均免。

新中国成立后，每年重阳节皆沿旧俗。从九十年代起，政府又把重阳节定为“老年节”。九溪老年协会每年在这一天都要开展活动，全体会员“会

---

① “包袱”用白纸，木刻其式如书页。其文曰：“天运××年×月××日化。××××××冥中收用。印经楮财信袱××包上奉。阳上××××××虔备。”一句一行。其×处填上农历干支年月日、包袱数量、祖先称谓姓名、送包袱者称谓姓名，中夹纸马(白纸印驼马形)，背面例写一“封”字，避免孤魂由子抢夺。

② 咸丰《安顺府志》卷十五：“自初七、初九、初十以至十五，或自十一为始，名曰中元会。每日焚香烹茶设馔，祀奉祖先，即于数日内择吉荐新。虔备冥钱包袱，于十三、十四、十五夜设供门外，望空焚之。”吾国以宗法传家，薪不尽，火不灭。

③ 咸丰《安顺府志》卷十五：“十五，中秋节，各户以西瓜、月饼、石榴等物相馈遗。月上，即用各物供之，名拜月。其以笙箫鼓乐玩月至通宵者，名看月华。是夕，有赠以瓜果者，为宜子之兆。”

④ 清慵讷居士《咫闻录》卷五“宰猪无血”条：“大理伍家，世祀坛神，三年一醮，谓之庆坛。巫人张挂神像，例用牲血。”按：李调元《新搜神记·神考》：“蜀中俱祀坛神，巫家所供也。名其神曰黑虎玄坛赵公明。”故民间极少祀坛神。

餐”，以示过节之意。

十月：初一日，俗传为“牛王菩萨”圣诞，养牛之家必做“牛王会”以纪念牛的功劳。这天，牛要吃好饲料，如加盐的玉米面等，甚至有给牛喂米粑的[①]。新中国成立后，“牛王会”仍依旧俗。有牛之家邀约做会，供祭后与会者打一次“牙祭”，年年如此。

冬月：冬至日，村民中喜欢吃狗肉者，互相邀约一起凑钱买狗打“平伙”。但这种习俗并不普遍，村民中不爱吃狗肉者比较多。新中国成立后，此俗尚存[②]。

腊月：初八日，俗称“腊八”，村中女孩有穿耳之习俗。从此日始，村民中煮豆豉，制作霉豆腐或血豆腐、炒米、粑粑果等，忙碌起来，准备年货。富裕之家有作“冻米”“串饺”等食品储备。进入中旬，各家各户打扫家庭卫生，俗称“打扬尘”，有“一年不打尘，十年理不抻”之谚。打扬尘日，要避开一家人中的属相才能进行。村民做米粑，过去都是用人工，以碓搕面，劳动强度大、费时，甚至熬更守夜。家家做甜酒，以备自食或春节期间招待亲友之用。接近年关，富裕之家要“杀年猪”腌制腊肉、香肠等。

腊月二十三日是祭灶节。这天用糯米糖、果碟等祭祀灶神。传说腊月二十三是灶神到天上向玉帝汇报下情的日子，村民们为使灶神爷爷在玉帝面前说好话，少说坏话，因此用九溪特有的糯米糖祭祀、贿赂他。

除夕之夜，各家各户都要贴对联（有孝之家贴黄绿纸对联），家神神榜时间久了要重新更换的，也必须在这期间。各家于神堂前焚香点烛，桌上摆上猪头、雄鸡、豆腐等供品，一家人在神堂前顶礼膜拜。家家鸣放鞭炮，通宵燃烛，少数之家点“盘香”，通宵不熄。是夜，灯火通明，一家人坐于火

---

① 咸丰《安顺府志》卷十五：“九日，重阳节，采菊花、茱萸插头上。有登高者，谓之避灾。农家捣糍粑以饲牛。”又“十月，朔日，士大夫家具鸡、黍、酒醴、印刷纸衣等物，于祖坟前焚之，谓之‘送寒衣’。”“送寒衣”与祭牛王菩萨，时间有误。

② 咸丰《安顺府志》卷十五：“冬至日，文武官行庆贺礼。世族亦有贺冬至者。”黔地湿寒，狗肉有温补之效，故北人拜冬馈冬至团，吾乡则邀食狗肉也。

旁通宵达旦，谓之“守岁”。晚辈向上辈拜年，长辈赠以钱，谓之“压岁钱”①。

村中生意人平时赊销的账款，有于是日晚上门收账之习。于是有村民负债过多者，外出“躲债”，不敢在家过年。

新中国成立后，腊月的各种习俗沿袭古风。随着时代的发展和改革开放后村民的经济条件逐步得到改善和提高，加工各种食品已为电力机械所代替，养猪养鸡也较为普遍。过年“杀年猪”之家增多，但大多数人家都在街上购买猪肉过年。过去杀年猪、放鞭炮是少数富裕之家才有的事，现在，在党的富民政策指引下，村民的经济条件也逐步得到好转，除夕之夜各家各户都鸣放鞭炮，兴高采烈地迎接新春到来。

己　民间娱乐

一、迎春活动

民国十七年（1928），即农历戊辰年春季，全村组织了一次规模较大的“过河”盛会，方圆数十里都有妇女赶来参加，人数之多如赶场一样，热闹非凡。民国十八年（1929），即农历己巳年春季，后街村民中一些爱好文艺的老人们，经过组织筹备，搞了一次别开生面的迎春盛会，俗称“抬亭子”。当时这一活动影响很大，引得附近许多村民前来观赏，热闹空前。来看热闹的男男女女都穿着新装像走亲戚一样，川流不息，有的亲友得到信息，就提前来亲戚处住下，以便观赏。前后热闹三五天才陆续散去。次年又继续进行。为扩大迎春场面，三街耆老商议，每街各扎“亭子”一架，既增加热闹气氛，又扩大迎春效果。从此，每年春季“抬亭子”就成为九溪村一项规模最大的迎春活动。

“抬亭子”的日期决定后，事前要做许多工作。用红纸书写迎春启事，告知周边各村村民，同时邀请外村地戏队前来参加迎春活动。迎春活动后，外村地戏队还要留下来表演几天，由三街备酒席款待。“亭子”过去用人力

① 咸丰《安顺府志》卷十五：“十二月八日，名腊八，宰猪做脯肉。二十三、二十四日，以箬帚扫尘垢，夜祀灶神。灶神于是日上天，言其家终岁善恶；至除夕，灶神回，再祀之。除日，以新书对联、门神及五色钱、五福挂于门首，具酒馔，当门设席，叩拜天地及祖先。至夕，火爆花烛，锣鼓喧闹达旦，谓之守岁。”

抬，由村中抬至离村一公里处之大龙潭停放，当天中午十二点左右抵达活动场地，下午六时抬“亭子”回村。当“亭子”出发后，经过大街时，街面各家门口摆放桌子，上面放糖果供祭，燃蜡烛、焚香、燃放鞭炮，气氛热烈壮观。这天有很多外地村民前来观看，做买卖的生意人很多，小食摊点星罗棋布，可谓人山人海非常热闹。当天晚上，后街龙泉寺内开设赌场，通宵达旦，几天后才离去收场。

正月初九抬亭子 李立洪 摄

“亭子”是古装戏的变种。角色有男有女，均由男性扮演，各画脸谱。亭子出发前被固定在一棵铁杆之上，不做表演。每一架“亭子”表现一个戏目，如“水漫金山”“吕布戏貂蝉”“三盗芭蕉扇”等，女角都扎于“亭子”顶端。每年戏目都轮换，人物多少根据剧目而定。“亭子”以木铁组成，分亭桩、亭杆两部分。亭桩用四根一米五长直木和八根 80 厘米横木串联起来，固定成为一个两层四方形的结构。下层各用宽 20 厘米、厚 4 厘米的木横接，中间打一圆洞（上穿下不穿）把铁制的“亭杆”从上层穿入置于下端洞内固定起来，这就是“亭桩”的全体。“亭杆”由熟铁铸成，重约 35 公斤，粗约

10 厘米，高 34 米，成“弓”字形，分别有两弯或三弯情况，戏目选定后取用。“撑竿”是“亭子”的辅助工具，当“亭子”起动有摇摆时，用“撑竿”支撑以保持平衡。“撑竿”由富裕之家制作，每台“亭子”有七八根或十数根不等，由制作之家持之于“亭子”周围，随时保护。

“撑竿”用 3～4 米长、10 厘米粗的竹子制成，顶端用两块 70 厘米长、10 厘米宽的横木固定，分上下两层，间隔 40 厘米。横木上下两层绑扎各式各样的装饰品。竹竿整体都用丝织品或花辫缠裹。迎春活动结束，各自拆卸收藏以待来年之用。

新中国成立后几十年来，九溪迎春活动仅在五十年代初，为迎接农业合作化高潮，曾举办过一次。加之春节期间，村里组织了各种文体活动，对“抬亭子”这种迎春活动，除年老人记忆犹新外，年轻人一无所知。

正月初九迎春会　李立洪　摄

党的十一届三中全会后，在改革开放的推动下，九溪村生产生活发生了巨大变化，在九溪村老年协会一些老人的倡议下，“抬亭子”这种迎春活动得到村委和一些村民的积极支持，于 1997 年（农历丁丑年）的春季重新开展起来。此后，每年的农历正月初九日被定为九溪迎春节。“亭子”由过去的人力抬改为汽车运。每年有五架“亭子”加一部彩车在前开道，根据各年属相扎一个生肖物放在彩车上面，使活动内容更加鲜明。九溪迎春活动恢复后，声势浩大，观者如堵。每年变化剧目，演员由九溪小学中挑选十多岁的小学生来扮演，女演员也不再用男人装扮。九溪小学在迎春活动中，还组织“花环队”“腰鼓队”参加游行活动。活动地点改在大堡球场，开始游行时，鞭炮声经久不息，放得又多又长，气氛十分热烈。从中午十二时游行开始，回到原地停放需三四个小时。

九溪每年迎春活动，都有国外和外地新闻记者、摄影师来拍摄场景。每年都邀请外村两堂地戏来参加迎春盛会，从而使九溪村在每年新春头上又增添了一项人文景观，极大地丰富了村民的文化生活。

二、地戏与花灯

大约在清乾隆年代，九溪有了地戏，至今已二百多年。地戏，村民一般称之为“跳神”，只是对外邀请时才称为地戏。村里现在仍保存三堂地戏，即大堡的《封神》（出五关）、小堡的《四马投唐》和后街的《封神》（进五关）。九溪地戏演出期间，附近村寨群众都要看至扫场结束。九溪地戏在每年的农历正月、七月演出，正月演出的称为“闹新春”，七月演出的为“米花神”。

地戏 李立洪 摄

地戏的乐器简单，只有一锣一鼓伴奏。演员头顶青纱帕，腰围战裙，背背战旗（俗称背色），头戴木制面具（俗称“脸子”），手执刀、枪、斧、钺（每位演员自备一把纸扇和一块手巾），且唱且舞，每唱至结尾处留下三字由众人和唱。演员主唱众人帮腔，以助长演唱声势。戏中演员分敌对双方，以武打场面为主。地戏演出有其一定程序和套路，但又有很大的随意性，不要舞台，只要一块平地就能演出，既适应农村地理环境，又适合农村群众的生活习性。男女老幼站着或坐着观看比较方便。地戏是村里最不受条件限制的一种文娱活动。

花灯，九溪花灯在每年农历正月、七月夜间演出。传统剧目有《白蛇传》《柳荫记》《秦雪梅吊孝》《孟姜女寻夫》等。村民对自编自演的节目也喜闻乐见，如丑角戏《唐二扯白》，其强烈的喜剧气氛，更受欢迎。戏中的女角均由男子扮演，男角执扇，女角执帕，边唱边舞，由胡琴、锣鼓伴奏。男扮女时，穿着屯堡妇女的长衣大袖，配上一条假长辫子。词句俚俗，往往逗得观众大笑不止。九溪花灯爱好者如邓开华、张超群、黄仲云、宋德平、张学文等，都是花灯演出时的主要演员。九溪花灯历史不长，约产生于二十世纪三十年代，虽然具有一种乡土风情趣味，但由于演出中创新不多，加上主要演员先后去世，一度因角色不齐而中断。

花灯　李立洪　摄

除地戏、花灯外，九溪在清末民初曾有过一段唱川戏的历史。后街龙泉寺内的戏楼，就是由特别喜爱川戏的部分老人组织修建的，已近百年。每年的农历正月、七月的晚上或白天，村内川戏演员都要登台演出一些传统剧目，如《击鼓骂曹》《五台会兄》《四郎探母》等，很受群众欢迎。九溪喜爱川戏的老人有宋云舟、徐佑祺、袁海清、张日山、宋云武等，他们经常聚在一起说戏谈天，自己花钱买行头，把川剧搞得热火朝天，在民国初年达到鼎盛。后来，川戏老艺人们相继去世，角色不齐，至二十世纪二十年代停止了演出。二十世纪三十年代初，九溪川戏又恢复演出。当时青年中爱好川戏者有宋深光、宋德伦、朱德昌、张文元、黄国桃、宋德荣、宋深才等，都是九溪川戏的主要演员。他们的唱做功夫都达到了较高的水平，赢得了广大观众的赞赏。直至新中国成立前夕，由于多数演员都外出参加革命工作，九溪川戏从此消失了。

新中国成立后，从五十年代起，九溪地戏也停止了演出。虽然农业合作化高潮时曾作过短暂演出，但“四清”运动时被列为“四旧”，加以禁止，“脸子”也大部被烧毁，唯有大、小堡群众巧妙地保藏下了几面最好的好脸子，未遭丙丁①。党的十一届三中全会后，在思想解放的大好形势下，地戏获得了新生，并被戏曲界誉为“戏剧的活化石”，引起了许多专家学者研究的兴趣，从而掀起了一股“地戏热”。近些年来，有美国、法国、英国等地的专家学者，不断前来参观和研究。小堡地戏曾于1991年10月赴湖南吉首市演出，深受当地广大观众的喜爱。1992年4月，大堡地戏曾出席参加贵州省首届蜡染艺术节在安顺举办的庆祝活动，得到国内外许多专家学者的赞赏。1995年9月，大西桥镇党委书记、镇长雷仁伯率九溪（小堡）地戏前往韩国汉城参加第十九届国际戏剧艺术节，受到“老外”们热烈欢迎，为弘扬祖国文化增添了光彩。今日九溪的三堂地戏剧目，除大、小堡保持原剧目外，后街的《封神》改为《五虎平南》。三堂地戏脸谱均由村民集资重新雕刻。

---

① “丙丁”代指火。《吕氏春秋·孟夏》：“其日丙丁。”汉高诱注：“丙丁，火日也。”

改革开放以来，九溪的花灯曾一度兴起，有鲍德山、顾光兴、翟荣禄等主要演员。每年农历春节或七月演出。川戏则已消失。

三、儿童游戏、玩具

（一）放风筝。每年阳春二三月，风和日暖之际，儿童常在村外放风筝。清明节扫墓，各家族祭祖，儿童随父母一道到墓地放风筝。

本村徐佑祺老人，祖传几代善画，兼能扎风筝。每年春季，他家扎的风筝“背扇板”，在市场上非常畅销，登门趸货者也不少。

（二）踢毽子。俗名“踢毛”。毽子以鸡毛、铜钱、布、鸡或鹅筒合制而成。男女儿童皆喜好踢毽子。晴天在室外，雨天在室内，是一项全天候的体育运动。踢毽子的动作较多，有毽、行、蹬、拐、打等名目，六七个动作联成一体，熟练者可一气呵成，精者能踢至数十次不落地。冬天是踢毽子的好时期，一场下来，热汗淋漓，关节活软。

（三）布龙蛋。七八个孩子坐在地上围成一圈，两手藏在两腿下，用一石块轮流传递，一个孩子站在圈中心，用眼观判断石块在谁的腿下，猜中就换下被猜中的孩子，继续游戏。

（四）滚铁环。铁环以铁制成。其形圆环，以一铁钩持其环，就地滚动，会的滚的时间长，上坡下坎，控制自如。

（五）打“革螺”（陀螺）。以硬木制成，圆锥形，上圆下尖，形状似螺，尖部有用铁钉钉者。以一小棍顶端系上麻绳或桑皮，用绳把“革螺”捲起，放之于地然后快速拉动绳子使它旋转，再用绳抽之，则转速更快。有时转速越猛，顿起轰轰之声，经久不息。

（六）“风吹”，即风车。以一四方色纸用剪刀把四方各剪一个口子，再将四角折粘，显出四支尖角，中有空隙，对穿一孔，用小棍穿之，两头各用一小截高粱秆挡住，再用一根长高粱秆撑起来，迎风即自由旋转不停。

（七）“咪咪珠”。用一方孔纸，以双线扣住其孔，把线拴牢，两手各牵一头线，摇动几下，手稍用力扯之，孔钱即旋转并发出嗡嗡之声。

（八）“哇呜”（泥哨）。用黏性很强的“胶泥”做成、能吹响的玩具。一般有人专门制作，在集市上售卖，特别在春节期间更为普遍。也有自己做的，往往会吹得满嘴的泥巴。

还有些简单游戏，不再赘述。

新中国成立后，在这些儿童游戏中，除放风筝、打革螺、踢毽子比较普遍外，其他几种都不甚流行，而“哇呜”已于二十世纪七十年代末中断。但新增加了一些内容，如“跳大海”“勾脚跳绳”等。

四、赌博

村民中士农工商均染有此习，赌博风气在村民中影响甚深。有执迷不悟者，倾家荡产；有嗜赌成性者，以赌为业。每到春节期间，昼夜不归，因嗜赌而造成田地卖光、妻离子散者屡见不鲜。过去九溪赌类繁多：如“打字牌”“推十点半”“掷骰子”“摇宝”以及“跌十三”“刹魁”“刹营盘”等。麻将在那时还不流行。

新中国成立后，二十世纪五十年代至二十世纪七十年代，人民政府严禁赌博。特别是在春节到来之际，采取各种有效措施，狠煞赌风，以维护社会治安的稳定。从二十世纪七十年代起，各区增设公安派出所，采取不定期的检查，发现赌窝进行围追堵截，没收赌具赌资，对情节严重者给予经济制裁，赌风一度有所收敛。改革开放后，九溪赌博之风渐又流行。不少男女青年都染上此习，造成家庭不和、打架斗殴。现在之九溪麻将成风，不仅男的赌，而且妇女也参与赌博，为数不少，有的赌得几天不归。

“大赌伤身，小赌娱情”，小赌可以作为娱乐活动的一个项目，增进人与人之间的感情，但大赌破家，就必须禁绝了。

第四节　宗教信仰及迷信

九溪村有庙宇三座：大堡“汪公庙”，祀唐越国公汪华[①]；小堡“廻龙寺”，供奉释迦牟尼佛；后街“龙泉寺”，建筑宏伟，供奉佛像较多，有大佛三尊，两旁供十八罗汉，大佛像后面供地藏菩萨，佛像前面有韦陀尊者。有戏台一座，前面一层供奉孔圣、关圣木牌，右为三官殿（天、地、水），左为灵官尊者。寺庙门前左侧供有韩文公坐像。三街寺庙住持，大、小堡为女僧，后街为男僧。每月逢圣会之期，均由庙内和尚主持。经考证，各街庙宇均建于明末清初。

九溪妇女多崇拜观音菩萨，凡“敬神”的妇女，都要用红纸或绒布写一堂，在家祀奉。除写各种神祇外，还写上各类观音名字，每月初一、十五两天，要烧香换净水，诚心顶敬。每年农历二月十九日，要给观音菩萨“换金身”。

---

① 宋罗愿《新安志》卷一：“新安之神讳华，姓汪氏，绩溪人，隋将宝欢之从子。少以勇侠闻。大业之乱，以土豪应郡募，平婺源寇，有功，寻为众所推，保据郡境。时四方割据，建号者众，乃稍以兵取旁郡，并有宣、杭、睦、婺、饶五州，带甲十万，建号吴王。为政明信，远近爱慕，部内赖以安全。凡十余年，唐武德四年，以籍土地兵民，遣使纳款于唐。高祖嘉之，制曰：‘汪某往因离乱，保据州乡，镇静一隅，以待宁晏，识机慕化，远送款诚，宜从褒宠，授以方牧，可使持节总管歙、宣、杭、睦、婺、饶等六州诸军事，歙州刺史、上柱国，封越国公，食邑三千户。’七年，朝于京师。贞观二年，授左卫白渠府，统军事，参掌禁兵。十七年，改忠武将军，行右积福府折冲都尉。太宗征辽东，为九宫留守，比还，称其忠勤。二十二年三月三日，薨于长安。永徽中，归葬歙县北七里云郎山。郡人思慕，立祠于刺史宅西偏。大历中，迁于乌聊山，号越国公。汪王神自唐刺史薛邕、范传正相继增葺，他县亦处处有祠，及国朝东封秩群祀，郡人方演知州事，上唐所赐诰命，为奏请追封灵惠公。政和四年三月，赐庙号忠显。七年十二月，封英济王。宣和四年，以阴相平睦寇，加显灵。隆兴二年闰十一月，以能御灾厉，加信顺。乾道四年三月，进封信顺显灵英济广惠王。夫人钱氏，唐左武卫大将军九陇之女，乾道五年六月，追封灵惠夫人。”《旧唐书·王雄诞传》：“歙州首领汪华，隋末据本郡称王十余年，雄诞回军击之。华出新安洞口以拒雄诞，甲兵甚锐。雄诞伏精兵于山谷间，率羸弱数千人当之，战才合，伪退归本营。华攻之不能克，会日暮欲还，雄诞伏兵已据其洞口，华不得入，窘急，面缚而降。”于神姓氏籍贯，罗愿另有考证，兹不赘。

龙泉寺大门

汪公庙

新中国成立后，三街寺庙内的菩萨均全部废除。五十年代初，后街龙泉寺将“大雄宝殿”佛像清除后，改作全村粮食仓库。前一层在新中国成立初期为召开全村群众大会的场所，两边厢房为学校教室。1983年扩建九溪小学校址，将后面五间庙房拆除，作为学校运动场地，引起了后街许多村民不满，尤以妇女意见更大。不久，由后街部分老人出面组织，群众集资，在原来天井处重建五间庙宇，并塑了大佛像供奉。每逢盛会，后街妇女做法事便有了固定的场所。

新中国成立后不久，大堡汪公庙的“汪公”也“搬家”了，成为集体公房，庙内无人管理，破烂不堪。1990年夏季，大堡村民在几位老人的组织安排下，群众集资数千元，将庙宇重新整修一新，请村中艺人鲍德山用佳木雕刻了汪公像祀奉，并供上“牛马二王”。庙门口石刻有“汪公庙”三字嵌于拱门上端。两旁配有一副对联，上联为“新安作县台爱护黎民流传万古”，下联为“唐朝为官吏恩施百姓永祀千秋”。小堡庙宇的遭遇也如此，五间庙房无人过问。八十年代初，九溪小学戴帽初中班曾在庙内办过学，不久新建九溪小学，校舍竣工后，随即迁入新校。1997年，小堡群众集资数千元，又把庙宇重新修好，塑上大佛像及其他菩萨。同时也将多年丢在操坝上的大铁钟用木架支挂于庙内，从外地请来女尼住庙管理。

迴龙寺旧址

八十年代后，村民中有部分人家信奉“天主教”。信奉此教与信奉佛教大相径庭，人死之后，天主教徒完全摒弃佛教的那一套礼俗，一切听从“天主”安排。

在交通闭塞，文化落后，封建思想意识浓厚的年代，九溪村民中有许多迷信现象：

一、把日月雷电均奉为神[①]，称之为“太阳公公”“月亮婆婆”“雷公爷爷”“闪电娘娘”等，遇有疾病灾难，常以斋饭香纸、刀头雄鸡等祭供，求赐福祛灾。对雷公尤为恐惧，大人常教小孩吃饭时，不要弄撒饭粒，怕雷公降灾，故雷电交加，闻之心存畏惧。

二、信奉山神土地。村之东西南北均有土地庙，内祀石雕或泥塑的土地

① 旧时有风云雷雨山川坛，由官方祭祀，此俗应承接而来。敬畏自然，未始不可挽救世道人心。

公公、土地婆婆。逢土地圣诞之日，香火最旺。

三、叫魂。村民中有久病之家，病情忽轻忽重，常请外地“迷拉”（即巫婆）来家叫魂（招魂）。巫者焚香化纸，念动“真言咒语”，指名道姓叫病者之魂魄归家。招魂又名“招亡”，人死后请道士为之，祈保一家平安。

四、信奉鬼神精怪。如家中有病人久拖不愈时，常在寺庙神前祈祷，谓之“许愿”。有婚后妇女久不生育也如此。病愈或有生育后，照所许愿奉祀雄鸡、猪头、香烛纸帛，谓之为“还愿”。如病者忆及梦中有某事时，则要到寺庙许愿，（病人想喝某处之水，须到该处取之），求神赦宥。如发现家中有蚂蚁乱爬，或蒸饭甑子叫时，用红线拴在甑子上，要请“迷拉”来家退鬼。村民中无论男女老幼，偶尔不适，说这说那不舒服，迷迷糊糊几天不好，就要把犯病之日记准，请先生“翻书”，说破当日闯遇什么鬼神之事，则用香纸和一碗水饭，按方向和步数泼于地上，以示退鬼求安。

五、迷信巫师。有的村民中如有疾病或遇到不吉利的事时，则用大米一碗、鸡蛋一个至巫师家请求查看。如巫师看出说有什么事时，就准备布帛、香烛、纸钱，请巫师来家禳祷，求破解之法。有烧胎（蛋）、叫魂、打炎、铺筛盘等仪式。打鬼火时，巫师用茶罐一个，内放狗毛、菜籽等物，以为道具。熄灭灯火，巫师手拿亮稿，腰挂一些荞面和松枝面，楼上楼下各处走一遍，用手抓面洒于火上，引起一团火花，随即口喊“鬼魂出”，众人随声附和。鬼火打完，巫师夹红煤一块于黑暗中放入茶罐内，只见一阵蒸气冒出，随即用布封口，叫病家埋于村外。结束时要砍一只没头鸡于病者家门外，（此鸡病家不能要）以示驱鬼祛灾。

六、迷信算命。村民算命者多为妇女。初生男孩，即以生辰八字给算命先生，预测其一生祸福。事不如意，也要请算命先生化解。如要给小孩“破相”，就要在右耳上穿一只环子，或者找一个属相相合的人，拜为干爹（俗称“保爷”）。夜梦不祥，或牛、马走失以及亲人远出久不归家等，都要求签算命，占卦吉凶祸福。

七、禁忌多。村民普遍对喜庆事高兴，讳说不吉利的破口话。过年过节，忌讳更大，有“正月忌头，腊月忌尾”之谚。早上忌说鬼类的话，说兔、说蛇、说虎等都须避其名，如兔要说成“长耳朵”、蛇要说“顺”、虎要说“猫”。逢着赶这类集，都说赶长耳朵场、赶顺场、赶猫场。人的属相有这几类的，也是这种说法。禁忌体现的是先民多神论的信仰，随着民智的开化，这种禁忌语逐渐演化为一种方言了。新中国成立后，这种说法仍保持下来①。

起房造屋，忌讳更多。如落脚数宜单；正房间数与台阶数相同；地基宜步步高，忌步步低（俗称“牛吃水”）；正房宜高于左右厢房，忌与之平齐（俗称“客欺主”）；厢房应在正房前，忌在正房后（俗称“鬼推车”）；天井宜正方形（俗称“一颗印”）；朝门与大门略偏，忌正对（俗称“一条枪”）；外壁侧尤忌开门（俗称为“白虎张口”）；朝门、大门之左右前房忌接邻居高出之屋顶（俗称为“人字煞”）；屋外街路或田埂宜横过或曲过，忌直形或交叉形（正对者俗称为“人字煞”）；墙壁宜朴素，忌彩画雕刻过甚（俗称为“庙宇式”）。

八、迷信风水及日时。日、时有吉凶之分，对出行、求婚、嫁娶、立房、上梁、迁居、开业、打灶、安葬、建房，都要择好日子、选好方向。选定“吉地”的同时，还要注意与主人属相相合，不能冲犯。宅基地的选择更不能马虎，因关系到后世若干代人。

九、其他忌讳

（一）把多年的古树认为是树精，常以香纸烧祭。小堡庙前有棵银杏树（俗称白果树），因年代久远，树大枝茂，村民中一些迷信者把它视为“神树”。除烧以香纸和蜡烛外，还用五色布缠于树上，一些村民常在此焚香点烛，烧化纸钱，以祛邪避灾。

（二）请算命者为小儿解脱关煞。由算命者择定日子，引小儿于某某桥上吃饭。路人谁先碰上者即请用餐，并请给小孩取一名字；有的则于十字路口立一指路碑，碑上书此路四达之地，以求解禳。

（三）小儿夜间啼哭，则书“夜哭方”遍贴要道口，经人念诵，以为可止小儿夜哭。常见“夜哭方”有两种，其一曰：“天黄黄，地黄黄，我家有个夜哭郎。过路君子念一遍，一觉睡到大天光。”其二曰：“天黄地绿，小儿

① 今附近地名有古称老虎洞而今改“猫猫洞”者，即其遗俗，而今人鲜有知者矣。

夜哭。君子念过，睡到日出。”

新中国成立后，随着社会的发展和科学技术的传播，村民的思想也在不断地进步。加之电视、电影对科普知识的不断宣传，尤其是精准的气象预报，使广大村民懂得了运用科学眼光观察事物，破除了一些迷信。但封建残余思想并未完全消失，人们思想中仍有祈求清吉平安消灾免难的观念。如砌房造屋、讨亲嫁女、开门打灶、安葬、出行、求小儿平安等，都要选择一个良辰吉日办事，心里才踏实。

第八章 生活状况

第一节 服 饰

明、清两代到民国时期，男女老幼多着长衣。妇女长衣领上有襟边、押条，袖口均缀花边。鞋为鹰嘴一样的尖头绣花鞋。务农之家有穿短衣和长衣者，衣料多为棉布，富裕之家偶用丝绸。簪环、手镯，多为银质。未婚女子垂长发辫于脑后，穿长衣，系腰带，有布带和丝带两种；婚后则挽发髻，套马尾发网，手戴银质手镯或戒指，系布带或丝腰带，前系围腰布。脚上包裹脚布（绑腿，内白外青），穿尖头花鞋，鞋上绣彩色鲜艳的花纹图案，并配有 16 厘米的白鞋腰，如古装戏中的靴子一样。到了夏季，男女出门干农活时，均穿草鞋。男子不尚奢华，喜朴素，虽家庭殷实者亦着长布衣，系腰带，包青布头帕（也有戴毡帽者），穿草鞋或布鞋。进入冬季，妇女多穿自制布帮皮底加钉的尖头鞋。这种鞋花工多，适宜于冬天穿着外出。男子所穿布帮皮底鞋，不绣花。

妇女刺绣品主要有枕头、袜垫、袜溜根（上在线袜后跟）、背扇（俗称“背带”，即襁褓也）及孩子的帽兜等。背扇分为内外两层，分别绣着花卉、鸟兽及文字等图案，颜色绚丽多彩，制作精细，工艺讲究。女孩十岁以后，每到农闲，就在家中纳鞋底、刺绣，以备结婚时送给男方，从女红中看出姑娘的聪明才智和心灵手巧。

新中国成立后，男女服饰也逐渐更新。年长的男性多穿长衣，壮年者既穿长衣也穿短衣；青年多以穿短衣为主。女性长者有穿长衣大袖或无花边的小袖，中青年女性有穿长衣大袖和近代短衣者。穿长衣大袖的女性，穿着尊古，所不同者，簪环、手镯等已从昔日的银器变为玉器；有的不戴手镯，改戴手表。戒指由昔日银质的长方形式样改变为今天的镀金或铅质打制的小四方形或桃花形式样。男女所穿的衣料也越来越讲究，有涤卡、卡机、锦纶、涤纶、化纤等流行的料子。妇女的长衣大袖也改为较好的近代衣料，色彩鲜艳。一般年轻妇女多穿赶时髦的近代新式样，女孩从小也不再穿长衣，长大结婚后穿短穿长，自己选择。冬天，女性不分老、中、小都不裹脚了①，穿上毛线裤或棉毛裤。鹰嘴尖头鞋已由各式各样的坤鞋②或皮鞋代替，穿解放鞋（即橡胶鞋）者比较普遍。草鞋已淘汰，代之以塑料凉鞋、拖鞋，很受男女青年喜爱。旧时一进腊月或新春头上，妇女要坐在“地炉火”旁打一月或半月全家人穿的草鞋，这一习俗已一去不复返了。现在每年新春头上，妇女们走出家门去观看村里举办的文娱活动，尽兴游玩，工业生产已经将她们从繁重的女工劳动中解放出来了。过了元宵节，则各理生财之路，又开始一年生产生活的安排。

第二节　住　宅

九溪村的住宅多为石木结构，古朴原始。大体一个模式，有三间或五间正房，也配有两厢房或灶面房者，称之为“四合头”。柱架楼椽，多以楸、杉为主，内部有用木板或水层（石板）分隔。富裕之家以石为墙，上盖石板；贫者多筑土为墙，顶盖茅草。一年建房、多年完善者较为普遍，故有“一年起房，十年装修”之谚语。九溪村民住宅，多数显得窄而矮小，光线暗弱，通风不好，阴暗潮湿。

各户堂屋正中的神龛，贴着用红纸写的或木刻的家神，“天地君亲师位”居中，两侧写神袛和祖宗神位、对联，下供家神土地神位。

① “裹脚”，一指妇女缠足，此处似指用布绑裤腿御寒。◎《贵州通志》曰：屯堡人男子善贸易，女子不缠脚，一切耕耘，多以妇女为之。《安平县志》云：土人一名里民子。妇女不缠足，男子娴贸易，耕作多妇人为之，称曰“县民”，以别于屯军也。下文云妇女亦理生财之路，似亦参与贸易。

② “坤鞋”指女性之鞋。旗式坤鞋可分数种，常御多平底，一种高寸许，前后微缺，名为寸底鞋。还有一种鞋底中间高出数寸，中微细，下端作方形，名为高底鞋，俗称马蹄底或花盆底。

新中国成立后，几十年来，村民住宅仍是老样，改造不多。六十年代至七十年代，虽建造一些新房，万变不离其宗，新屋老样式，思想不解放。八十年代起，改革开放的春风唤醒了村民的思想，建造新房也有了经济基础，建房之家，一改旧式建筑，用上钢筋、水泥、砖料和装饰瓷砖等，建造了款式新颖的住宅。门窗设备，推陈出新，光线明亮，空气流通，宽高适宜，比旧屋美观大方，前有阳台，下有走廊，居住适宜。不足之处是全新的建筑式样不多，有的楼层上仍搭木架盖石板，搞的是土洋结合。堂屋神龛改为木架框边、玻璃罩面、红底金字的了。村里有百分之六十左右的人家建新房，全村平均建房 2.436 间，总面积为 7308 平方米。

民居神榜　宋兴平　摄

第三节　饮　食

九溪村民，长期以来，特别是在明清时代和民国时期，都以粗茶淡饭过日子，都有精打细算安排好一年生活的习性。除富裕之家吃大米外，一般村民在大米中掺进苞谷或其他杂粮同吃，除逢年过节在饮食上有所改善外，平时饮食粗粝清淡。过去生产力低下，经济条件差，在饮食上只求填饱肚子，没有过高的要求，但亲朋好友到家，则酒肉不吝。村民之间“换气做活”时，招待的饮食也要丰盛一点，平时则农忙三餐，农闲两餐，中午一餐必须吃稀饭掺以一些面食同吃。村民吃的蔬菜如青菜、白菜、洋芋、萝卜、茄子、各种豆类、辣椒等，系自己园中土产，一般不买。普通之家平时每餐两菜一汤，其中有一素菜如霉豆腐、豆豉、萝卜、折耳根等；富裕之家三菜一汤是常事。村里很有特色的是“青菜煮豆腐”这道菜，村民常吃不厌。九溪村民喜吃面食和米粉，那时小麦种得多，可以当一部分口粮。

九溪村过去办红喜事之家，要办三天酒席；其中有两天上午要分别吃一餐米粉和松糕粑。逢年过节要打糍粑。清明时期，各家用石磨推糯米面做“清明粑”吃，端午节要吃粽子和炸肉、炸面。进入腊月后，富裕之家要杀年猪，一般村民作米粑，炕血豆腐，腌腊肉等。酸辣子各家要储备数十斤或上百斤，作为一年之用。

新中国成立后，二十世纪五十年代至七十年代，在农业集体化时期，广大村民的饮食生活比较艰苦和平淡，因为那时“吃粮靠返销，花钱靠贷款”，农忙时期只能吃两餐。有些农户每年所分的粮食，就算掺进苞谷，也只能吃几个月。缺粮时还得找集体借储备粮。来年秋收分配扣除后，所分粮食更少。由于粮食欠缺，亲朋至友都很少往来。

党的十一届三中全会后，农业改革实行家庭联产承包责任制，解放了生产力，调动了广大村民的积极性，生产生活很快得到逐步改善和提高，粮食丰收，经济收入增加。生活条件改善，每日三餐不成问题，花钱也少操心了。基本达到了丰衣足食，不再吃苞谷饭，所种的苞谷都用来作养猪饲料。截至1999年10月统计，全村已养猪1286头，养鸡（包括杂交、乌骨、本地鸡）6000多只。不少村民存钱在数万元以上。

九溪街上，每天销售猪肉在250公斤到300公斤，有不少村民愿意花钱买新鲜菜吃，五六家村民做起了新鲜蔬菜生意。有些饮食摊点不断改进花色品种，为那些田土离村远而回家不便的村民提供午餐食品。现在九溪村民吃面条、米粉已成为常态，并且各家在吃的花色品种上不断改变，吃稀饭已成为历史。

冬天，各家各户都用上了火炉（昔日地煤火已消失）。有六百多家添置了洗衣机，少数村民有冰柜、电风扇等，近百户村民使用了电饭锅，有48户村民安装了程控电话，现代化气息越来越浓。村民都使用暖水瓶，改变了过去喝生冷水的习惯。洗涤衣服都使用了洗衣粉，用洗衣机逐渐代替了人力。修建新房之家，很多都有了洗澡间，男女个人卫生越来越讲究。全村富裕之家逐步增多，粗略统计，全村富裕户已占全村总户的80%左右，基本上摘掉贫穷帽子。电力解决后，全村有粮食加工户9户，打米机27台；粮油加工2户，榨油机4台，解决了全村粮油加工的困难，也把全村妇女从繁重的体力劳动中解放出来。

第四节　用物与用具

九溪村过去的男子多用麂皮包肚或牛皮包肚，装钱或其他杂物。吸食土烟，亦多自种自食，烟叶用菜叶包着装于包肚内。吸烟时，用自制火草取火。用法是：将火草掐放于火石上，以火镰击石取火引燃，放置烟头上用嘴吸上几口，烟就接上了火。此法吸烟甚便，放在烟头上绵延不熄，风吹不灭。

村民洗涤衣服、帐被等，除用皂角外，常用白胶泥浆洗白色衣物。村民中家有石磨（有大小之别）、碓、研碓，用以磨面、舂米、推豆腐、打糍粑、舂块盐之用。筛子（有大细之分）、筛箩、簸箕等，家家均备。风簸自备之家极少。盛水用具有木桶、石缸、瓦缸。木制用具有洗脸、洗脚、洗衣、喂猪之盆。炊膳用具，多用砂锅控饭，小铁锅用于炒菜，大铁锅用于煮多人饭或煮猪食。烧开水以土茶罐为主，茶罐泡茶，香味纯正。

新中国成立后，随着时代的发展和经济收入的增加，人们的日用品也不断更新。昔日的麂皮包肚或牛皮包肚早已淘汰，装物用具都改为人造革或其他纤维制品，携带方便。吸烟用的火已改变，多用火柴、打火机。洗衣物、帐被等，均使用肥皂、洗衣粉、洗涤精、洗洁剂等。

农村通电，给村民带来了福音。昔日用人工舂米、推面、拉磨等，已由电力机械所代替。炊事用具以铝制品居多，铝锅、铝壶、铝瓢、铝盆、铝碗都进入村民家中。塑料制品有桶、盆碗、瓢，既经济耐用，又美观大方。很多村民家中都使用暖水瓶、玻璃杯，但土制品在村民家中仍作备用：如鼎罐、砂锅、瓦缸、瓦罐、瓦坛、茶罐，根据生活需要购用。

第九章　言旨话及其他

第一节　言旨话

“言旨话”是一种隐语，说言旨话的方法是用四个字的成语（也有三个字的，但不多用，有些是俗语），只说三个字，留下后一个字让对方去理会。知者一听就明，不知者莫名其妙。说言旨话也要看对象，有分寸。对老年人就要尊重，不能随意，这是出于一种礼貌。一般人往往见面也就随口而出，不受拘束。讲言旨话的人都要比较熟悉本地的成语或俗语，能信手拈来运用自如。九溪人说言旨话，是把明话和言旨话交替使用，幽默而富有风趣，给人以生动深刻的印象，这是九溪的一大地方特色。例如有人问对方在吃什么？对方即答：对河二（面），说明是在吃麵。如果是吃鸡，则可说太子登（基谐音鸡）。

现将一些常用的“言旨话”简介如下（括弧内的字为隐语）：

白皮细（肉）	瓜园小（菜）	剐骨熬（油）	粗茶淡（饭）
对河二（面）	两面三（刀）	珍珠玉（米）	四马投（唐）
雷贺倪（汤）	三战吕（布）	一揽干（包）	儿多母（苦）
青山绿（水）	万盏明（灯）	哑口无（言）	刘备招（亲）
上满下（流）	定海神（针）	山遥路（远）	文中取（武）
大通小（亮）	毛风细（雨）	鸡毛蒜（皮）	班门弄（斧）
风调雨（顺）	四季平（安）	八爪金（龙）	牵肠挂（肚）
八仙过（海）	绅耆父（老）	面黄饥（瘦）	厚皮实（脸）
挨饥受（饿）	偷师学（艺）	太子登（基）	提刀弄（棒）
十三太（保）	装腔作（势）	孤陋寡（闻）	普天同（庆）

将功赎（罪）　一本万（利）　鱼跳龙（门）　抓脚舞（手）

可以看出，言旨话所用的成语来源较广，有些是常用的，如风调雨顺，青山绿水，鸡毛蒜皮；有些是地方俗语，如厚皮实脸，对河二面；有的来源于地戏，如四马投唐，三战吕布、刘备招亲等。还有一些新成语。

言旨话使用的成语和俗语十分丰富，上述几十个言旨话，足以说明其应用范围。

数百年来，九溪“言旨话”一直在村民中广为流传。但今天年轻人会说“言旨话”的不太多。因为讲言旨话必须熟悉成语和俗语，否则就难以办到，更达不到灵机应变。

第二节　儿　歌

栽蚕豆，糯谷豆，饭又白，好请客。

树叶青，放风筝；树叶落，打草螺；树叶黄，扯小簧①。

呜呜喇，咚咚锵；讨媳妇，嫁姑娘。

猫猫咪，快出角；你犁田，我犁地；你烧火，我扫地。

大月亮，小月亮，公公出来做木匠。婆婆在家纳鞋底，媳妇在家铲糯米。

一棵树，八枝桠，树上坐的好人家。养的儿子会写字，养的姑娘会剪花。

小马小儿郎，骑马进学堂。先生嫌我年纪小，肚内有文章②。

青菜花，油菜花，不揪老壳揪尾巴。

小板凳，土地牌。会吃酒，会打牌。

月亮婆婆，点点约约。张家吃酒，李家唱歌。

一张白纸飞过街，那个读书那个乖。人人读书想官做，丢下秧苗哪个栽？

---

① 小簧略如上文“咪咪珠”，谓以四五厘米木棍为之，二线穿其中缚定，将线缠绕后拉伸，则木棍旋转如飞轮，呜呜有声。儿童以之相斗为乐。

② 此为后人谱成歌曲《小二郎》。

儿歌的形成，与年老的爷爷、奶奶有关。当他（她）们年老无力于农事时，常帮助抚育孙辈，儿歌就是爷爷、奶奶教孩子说话时的歌谣，寓教于乐，不失为一种较好的启蒙儿童的教育方式。

新中国成立后，老的儿歌流传下来的不多。又有新儿歌产生，内容更富有新时代色彩。新儿歌来源于书本或电视电影。例如看了《射雕英雄传》后，儿童就根据剧中人物自编成新儿歌“好吃好喝洪七公，疯疯癫癫老顽童；会吹笛子黄药师，九阴真经欧阳峰。傻头傻脑小郭靖，能说会道小黄蓉”。这类儿歌，也反映儿童观察事物的敏感和想象力的丰富。

第三节　农　谚

清明要明，谷雨要淋。

立夏不下，蓑衣犁耙要高挂。

小满不满，芒种不管。

清明断雪，谷雨断霜，四月八断硬冰梆（即冰雹）。

夏至五月头，连路吃，连路愁；夏至五月中，连路吃，连路松；夏至五月尾，财主往后悔[①]。

白露不出，寒露不熟；白露逢霜，干谷上仓。

不怕重阳十三雨，只怕立冬一天晴；重阳无雨望十三，十三无雨一冬干[②]。

雨洒二十五，后月无干土。

七坳八裂九天晴。

初一下雨满天红。初一晴，初二阴，初三初四下大雨。

---

① 咸丰《安顺府志》卷十四：“五月夏至，占米贵贱。谚云：‘夏至逢端阳，扫尽万年仓。夏至五月中，耽搁粜米翁。夏至五月尾，禾熟米价起。’”

② 咸丰《安顺府志》卷十四：“重阳日宜晴，十三日亦宜晴。谚云：‘最爱十三晴一日，棉花冬暖无人秤。’然两日皆晴，则冬少雨雪。谚又云：‘重阳无雨看十三，十三无雨一冬干。’”

十月无霜，碓里无糠[①]。

惊蛰冷，打田等；惊蛰热，烧火过六月。

芒种打田不坐水，夏至栽秧少一腿。

好汉不撒立夏秧。

日晕长江水，月晕晒死鬼。

八月大，萝卜白菜卖肉价；八月小，牛吃烂谷草。

夏至五月头，一石谷子一条牛。

霜不应降，四十五天瞒天账。

八月三个卯，牛吃烂谷草。

有雨天脚亮，无雨顶上光。

楸树开花哄打哄，老虎莿开花要下种。

热在三伏，冷在三九。

一九二九，怀中揣手；三九四九，冻死猪狗；五九六九，隔河看柳；七九六十三，路上行人把衣单；九九八十一，庄稼老汉把田犁。

六月六，望禾出；七月半，地瓜烂。

剩秧（水稻苗）如剩草，争秧如争宝。

秧大一把草，秧好一半谷。

庄稼无牛空起早，生意无本空赶场。

种瓜得瓜，种豆得豆。

正月十五晴，八月十五明。

太阳返照，水淹锅灶。

好在一年，坏在几天。

吃了端午粽，才把棉衣送。

早虹日头晚虹雨。

久晴还久雨，久雨还久晴。

天黄有雨，人黄有病。

---

① 咸丰《安顺府志》卷十四：“初一日宜晴。谚云：‘十月初一晴，柴炭不须银。’又自朔至望宜有霜，谚云：‘十月无霜，碓中无糠。’”

春寒有雨夏寒晴，春冷骨头腊冷皮。

先打雷，后下雨，抵不上一泼大露水。

天起鱼龙斑，晒得地皮翻。

朝霞不出门，晚霞晒死人。

云走东，一场空；云走西，披蓑衣；云走南，雨成团；云走北，地开裂。

人勤地不懒，寡地[1]出黄金。

要吃饭，隔冬犁田；要穿衣，隔冬种棉。

第四节　谚　语

穷不与富斗，富不与官争。

衙门八字开，有理无钱莫进来。

巧媳妇只做得有米的茶饭。

是福不是祸，是祸打不脱。

人有三步时，不知早和迟。

弹琴费指甲，讲话费精神。

河里无鱼市上有。

穷在街前无人问，富在深山有远亲。

丑媳妇也要见公婆。

婆婆做鞋，媳妇有样。

强龙抵不过地头蛇。

家家有长短，户户有高低。

有盐有酱，丫头也会放。

清官难逃滑吏手。

家家都有一本难念的经。

清官难断家务事。

人怕三对面，树怕一墨线。

---

① “寡地”谓贫瘠之土。

心中无冷病，哪怕吃西瓜。
不得猪肉吃，见过猪走路。
留得青山在，不怕没柴烧。
人要有恒心，铁棒磨成针。
说话说与明人，送饭送与饥人。
花花轿，人抬人。
歪歪坡，斜斜下。
百闻不如一见。
吃得苦中苦，方为人上人。
量小非君子，无毒不丈夫。
一言既出，驷马难追。
老牛不死，还债不足。
在家靠父母，出外靠朋友。
在家千日好，出门一时难。
人无千日好，花无百日红。
冷水要人挑，热水要人烧。
井边打水，分个前来后到。
生意不离行，十场有一场。
眼见为实，耳听为虚。
隔行如隔山，不懂不要装懂。
出门看天色，进门看脸色。
人不着[1]人，盐罐头生蛆。
千生抵不得一熟。
哪把钥匙开哪把锁。
官不使闲人。
三年不上门，是亲也不亲。
父借子还，子借父不知。

① “着”音 zuo，谓中意也。

要得人不知，除非己莫为。

真人面前卖不得假药。

忍得一时之气，免得百日之忧。

宰相肚内能撑船。

上房揭瓦，看屋下人。

打铁要靠本身硬。

秀才不出门，能知天下事。

为人不做亏心事，半夜敲门心不惊。

响鼓不用重槌，聪明不用话提。

好人不在世，祸害几千年。

好人相逢，恶人远离。

吃得亏，打得堆。

吃酒容易请客难。

家中有金银，隔壁有戥秤。

年年防天干，夜夜防强盗。

贼无脚①，偷不着。

生疮无人问，犹如痛交②病。

人无主意，尿都憋死人。

人巧抵不得家私③硬。

有福同享，有难同当。

卖盐老者吃淡菜，捧着金碗做叫花。

人是铁，饭是钢，两顿不吃心里慌。

上梁不正下梁歪，二梁不正倒下来。

善恶到头终有报，只看来早与来迟。

人过留名，雁过留声。

---

① “无脚”谓无内应，指熟人为贼内应也。

② “交”乃量词，犹一场也，谓生一场大病。

③ “家私”犹家什，谓工具。

有话当面讲，有肉当面切。

大路朝天，各走半边。

天干饿不倒手艺人。

人要忠心，火要空心。

人无六亲，譬如猪狗。

吃人三餐，还人一席。

衣食足，礼义兴。

冤家宜解不宜结。

依人劝，得一半。

一辈亲，二辈表，三辈四辈认不倒。

穷得鲜鲜，饿得硬气。

人在人情在，人死两丢开。

要得弟兄长，天日把账量。

晴带雨伞，饱带饥粮。

无风不起浪，无水不行船。

空手进门，猪狗不闻。

人心隔肚皮，饭甑隔筲箕。

酒好不怕院子深。

得人钱财，与人消灾；吃人水饭，与人挑担。

人怕老来穷，谷怕午时风。

穷来莫说有钱，老来莫款[1]少年。

有借有还，再借不难。

人无远虑，必有近忧。

人无时来假装呆，花无时来假装开。

打开天窗说亮话。

良心是人的根本。

嫩姜不得老姜辣。

---

① “款”谓自我吹嘘。

马桑树，从小医。

损人利己，到头自害终身。

新中国成立以来，这些农谚和谚语，有很大部分在村民中流传，对生产、生活、为人处事仍然起一定指导作用。

第五节　歇后语

村民在日常生活中常使用歇后语，能起画龙点睛的作用。九溪常用歇后语如下：

泥菩萨过河——自身难保

耗子爬秤钩——自称

蜘蛛爬对子（对联）——网字（谐音“枉自”）

口袋装钉子——头多

马尾穿豆腐——提不得

快刀划豆腐——二面讨光

跛脚牛下田——犁（离）不得

野变婆[1]带素珠——改恶行善

大姑娘坐花轿——头一回

十五个吊桶打水——七上八下

猪八戒过河——倒打一耙

铁板上钉钉——硬碰硬

关老爷卖豆腐——人硬货不硬

猫哭耗子——假慈悲

癞头打伞——无天无法（发）

裁缝的脑壳——当针（真）

肉包子打狗——有去无回

屠户拉胡琴——油（游）手好弦（闲）

哑巴吃黄连——有苦说不出

① 野变婆又作“老辩婆”，指雌野人或恶女人一类，故云“恶”。

小葱拌豆腐——一青二白

癞头包帕子——围（危）癣（险）

猫抓糍粑——脱不了爪爪

黄泥巴壅脑袋——窖（藠）头

叫花子清本钱——苦算（蒜）

牛背上出烟子——皮（脾）气

叫花子玩鹦哥——苦中作乐

哑巴梦见娘——有苦难言

半天云里口袋——装风（疯）

罈子里放炮——响（想）不开

巷巷里扛竹竿——直来直去

第十章　名胜古迹和民间传说

第一节　名胜古迹

老青山　在九溪村东面，隔九溪河，离村二点五公里，为安顺名山之一。山中部有普德寺，为明初僧古源①建，雍正年间僧微可增修。原有庙宇十六间，高大雄伟，供奉三尊大佛像，高约三米。明、清两代有僧众一二百人。每年收庙租约一万五千公斤。至民国二十年代，只有十来个僧徒，由

老青山普德寺遗址　李立洪　摄

① “源”字原误“圆”。咸丰《安顺府志》卷十八：“普德寺，在城东老青山上。洪武初，僧古源建。雍正间，僧微可增修。”据改。

性初方丈主持。每逢会口期，各地妇女来此朝拜者不少。香火极旺，游人也多，每年庙里也收到不少功德钱。庙门口上曾书有一副对联，上联为“天生地就环绕一弯绿水”，下联为“龙飞凤舞排闼四面青山”。

新中国成立以后，老青山庙宇初期完好，性初方丈及五个僧徒仍在庙内管理看护。1951 年土地改革，废除庙租后，性初方丈至老青山脚下还俗安家，僧徒也还俗外地落户。寺庙空虚，未遭破坏。五十年代末期，山权划归小白岩生产队后，有不法之徒将寺庙佛像捣毁，拆除庙房木料。

“四清”“文革”运动，庙宇全部毁坏，成为一片废墟。昔日的名山胜地，面目全非。游人不光顾，逢会口也无妇女来朝拜了。老青山胜地变为有名无实，虽有少数游客偶尔也来老青山，主要是看乌龙洞、古源坟、半月池、仙人洞、活动岩、天仙桥等处。今日之老青山，远非昔日那样热闹了。

塔山 在老青山之右，隔九溪河。光绪十年，戴姓组织修建石塔九级，因以名山①。此塔下圆上尖，形状如笔，有培补九溪风水之用，又称文笔山。塔有五层，高约 10 米，圆周 8 米，均以石料砌成。据村内一些老人传述：当时建塔石料，由村民中男劳力承担，每人运石千斤，全用肩挑至山顶。其中宋兆新老人，挑石三次爬山不歇气，秤重达千余斤，可算是全村之大力士。此塔属九溪“四宝”之一。

山中部葬有顾姓祖坟一穴，基高 3.11 米，直径 6.5 米，周围 20 米。前有月台，进深 7.3 米。墓碑三层，中有清代重立之碑。多年来，顾姓一族均视为始祖顾成。九十年代初，该墓被盗，从墓内出土的墓志铭证实，此墓系顾成之子顾统及儿媳俞氏的合葬墓，实非顾成墓。

新中国成立以后，塔山原貌保持到六十年代。1966 年“四清”运动时，大队组织全村劳力于此山垦殖种茶，随将此塔拆除，改修为房

九溪文笔塔　李立洪　摄

① 《续修安顺府志辑稿》：“（老青山）山右有明镇远侯顾成之墓，墓之后山有石塔九级，清光绪时造。”

屋两间，供采茶和耕耘者休息。名称塔山，实无塔矣！

晓礼山　又名诚信山。位于九溪村西北面一公里处。上有庙，建于道光年代，为九溪后街村民组织修建，原有房屋十数间，高大雄伟，魁星阁居于高峰。庙内供奉大佛、观音、灵官、关圣、魁星、牛马二王等。后山陡石峭壁，林木繁茂。东、南、北均建有古城墙，清同治年间又增修两道城墙，里外三层。民初扩建，墙高7米。山中缺水，僧人多于山下井中取水用之。此山全系女尼。民国十二年（1923）有女僧全慧贞来山讨住，利用山中空地开荒种粮、种菜，自食其力。整修寺庙，对此山甚有功行。每逢盛会之期，来此山朝拜的妇女甚多。民国二年（1913），九溪后街首人宋梓、宋桢组织众姓弟子、诚信寺僧，增修第一道城墙大门，并由前清秀士宋绍周亲书正楷"晓礼山"，刻石嵌于拱门上端。两旁有一副石对联：上联为"晓谕本明诚有为有守"，下联为"礼义主忠信能屈能伸"，款题"癸未琴山氏撰，绍周宋秉璋书"。在对联中嵌入"晓礼""诚信"四字，耐人寻味。

晓礼山诚信寺遗址　李立洪　摄

此山原名诚信山。据传有一高人韵士信步闲游于此，受到当时女主持热情款待。尼僧宣扬佛法，谈吐风雅，韵士为之敬佩，兴奋之余，即兴写下

“晓礼山”三字以赠。随着时间推移，呼晓礼山之名日甚一日，诚信则渐渐淡忘了。同治二年（1863）许大八之乱，九溪后街村民均于此山避难，乱民围困多日，幸有城墙摒挡。但人多缺水，只得捐金，方免于难。事后把城墙加固，增修垛口，从内看外，一清二楚。众议商定：“如有意外，即鸣锣示警，闻讯即往山中，则可预防不测。”晓礼山实为孤山一峰，山不算高，与周围互不相连。月明星稀之夜，由下仰视，庙宇楼阁，尽收眼底。

新中国成立以后，土改时期，此山师徒均参加新寨村改土。此山也划入新寨范围。集体化时期，隆兴师徒参加集体生产，仍住山中。1961 年住持慧贞圆寂，仅存隆兴师徒二人。1963 年某天，隆兴于河中洗涤衣服时，不慎落水身亡，只剩徒弟祥林一人住庙，不久还俗，安家新寨村。1966 年“四清”时期，除晓礼山城堡保持原状外，其庙宇在“文革”中全部毁坏。而每年逢盛会之日，仍有各地老年妇女前来朝拜，但与昔日相比，场面冷淡多了。山顶地势平坦，屹立山顶，可观四面八方。

文昌阁　在九溪村之南，距村一华里，建于道光四年三月，为九溪文人之学宫。据本村《王氏家谱》载：文昌阁为王文魁、顾子慎两个秀士组织修建。此阁建造极为讲究，周围墙壁上均有石花窗，雕龙画凤；房廊前端刻有十二生肖像，“文昌阁”赫赫三个正楷字嵌于阁门上端。左右有两道拱门，系进阁必由之路。内有一长方形水池，上有拱桥两道，进入阁内部，须由桥上经过。桥侧左右立有石碑两块，左为王文魁、右为顾子慎题写。阁门左右有雕工精湛的石雕狮子，仰天长啸，栩栩如生。左侧有棵大桂花树，开花时节，香飘四远。据说，文昌阁于清末民初毁于火，民国三十年（1941），宋达三先生曾于其址挖池养鱼。1959 年夏季，九溪村遭到一场特大洪灾，文昌阁遗址全部冲毁。门口桂花树被村民砍去制作农具，石狮子仅存一头，现移置在大堡水井旁之堤上。

传说九溪有四宝，皆与文房有关：文昌阁为一宝，称之为“书”；塔山为一支笔；后街有石笔架；水井则为砚台。现今仅存水井这一宝，其余三宝被天灾人为毁去。

第二节　民间传说

一、开山僧古源和尚

俗传其系一得道高僧，有不少关于他的传说流传后世：

据说，古源有一次去安顺府提台处募化，府台迎入客厅，要夫人敬茶，当夫人把茶送给古源时，古源把茶接过来，往后倒掉了。府台甚感诧异，随问古源："大师莫非茶不净么?"古源含笑说："非也！府台大人休要惊疑，适才东门起火，此茶实救火也，并无其他!"府台半信半疑，随即派人往东门查看。差人不久返回，即如实禀告："大人，东门确实起火了。刚才下了一阵黄雨，将火扑灭。"府台听后，疑团顿解，对古源所求，无不赞助。不久，这位府台大人看破红尘，辞官不做，竟带着夫人至老青山修行。二人死后，均葬山上。古源墓在离普德寺 150 米之平地，立有石碑，上写"上古下源之墓"。1990 年墓被盗毁[①]。

传说古源曾在三处地方显圣：平坝之梯子洞、旧州文昌阁、老青山寺庙。立房日均在同一天，三处同时请古源和尚降临，古源即在三处现身坐镇。

九溪村民高礼香（高姓三世祖），曾贩斗笠于昆明。某天竟与古源相遇，互相问好，古源托高带口信给山中徒弟：好好收捡我的僧衣僧帽，我来云南，暂时走不了，要住些日子云云。高把货卖完后返回九溪，没有忘记古源拜托之事，想找下山来九溪的和尚捎信。同时也给村中一些人叙述古源托事的经过（高离九溪一个多月）。人们听后，说古源和尚已圆寂多日，经核对日期，高与古源见面，是在古源圆寂之后，不禁骇然。

二、乌龙洞

传说乌龙洞内有条乌龙，故有其名。某次，有一煮饭和尚进洞挑水，第一担水来回无事。第二次进洞挑水转回时，竟有一根大木横在路中。和尚肩挑着水难以迈过，只好放下水来看个究竟，仔细一瞧，挡路之物竟然会动，

---

① 今存残石一截，上书"第一代古源禅师寿塔"。

吓得和尚胆战心惊，从拦路物上一跃而过，失魂落魄跑至庙中，满头大汗，气喘吁吁，待气稍平静，方将当时情况告知众僧，大家听后，毛骨悚然，从此再也不敢进洞挑水了。

三、“仙人洞”与“仙人米”

这是几百年来流传在民间的故事。每年端午节这天，上老青山游玩的村民，都要去“仙人洞”前在地下拔草寻找“仙人米”。无论去多少人，每人总能寻到几粒[①]。传说“仙人米”是从“仙人洞”里淌出来的，可供庙里的和尚每日饮食两餐。无论人数多少，每天淌出来的米足够吃。某次，管吃的和尚陡然起贪心，想多弄些米卖钱，悄悄拿着锤钻去打洞口，洞倒是打大了，结果弄巧成拙，米再也不淌了。但“仙人洞”外几百年来黑米有的是，游人到此，不论多少，从洞外草地上寻找，人人都可得到。

---

① “米遗青山”为安顺郡城外八景之一。详见附录。

第十一章 人 物

宋儒灏传略

宋儒灏，字劭谷，乾隆四十七年（1782）生于九溪，三岁时，随父宋万清迁居老邦寨。幼时，启蒙于黄恩培老先生私塾馆，学习勤奋，性极聪敏，在数十名弟子中，儒灏文才颇优，常为恩师器重。年十五岁，嘉庆六年（1801）中辛酉科举人，郡人以为神童。嘉庆十六年（1811）辛未科捷进士，先后任庶吉士、工部主事、员外郎、营缮司郎中、会试同考官、江南道御史、武闱监事官等职。道光十二年（1832）以后，在归德府、开封府、甘凉道、兰州道做官。为官清正，关心生产。他曾上书贺中丞，请其下令禁止用茶子饼毒鱼，保护水产资源。他说："安顺所属九溪一带，系弟桑梓，此习为尤甚。"提出"凡有河道毒鱼之处，出示严行禁止，物留有余而人归于厚，似亦仁民爱物之一端也。"①

道光十八年（1838），儒灏曾奉旨回乡点穴，将原葬马场之六世、七世、八世祖的坟墓迁葬于芦车坝（平坝属），名曰"七星吊斗"之地。

道光二十年（1840），宋儒灏任两广盐运使，当时国家"财运告匮"，他日夜考核文书账籍，筹划调度，以供军需。清廷与英议和时，他曾极力主战，并规劝参赞杨芳，未被采纳，终因忧愤，积劳成疾。不久清廷调他任江苏按察使，他自愤未能征讨英夷，临终时两手相摩，大呼："炼宝剑，杀鬼

① 咸丰《安顺府志》卷三六有《宋劭谷传》及其《上贺中丞禁止毒鱼启》。详见附录。

子。”连呼数声而卒。

相传儒灝曾为道光帝老师。

戴文岚传略

戴文岚，嘉庆辛未年（1811）生于九溪，幼时曾在本村私学启蒙。敏而好学，聪颖过人，性纯孝。因家境清贫，年十五，弃学随父经商。其祖有见识，认为文岚天资聪颖，不忍误孙前程，乃作主将文岚送至安顺，择名师教授。师试其才，学养颇佳，极为器重，倍加训导。道光十一年（1831），乡试中举，年仅二十岁，郡人皆称为奇。后文岚官至云南腾冲知县，为官清正，不坑害百姓，常以身作则，有官声。文岚中举那年回乡梓时，向村中青龙寺敬献“大雄宝殿”匾额及对联①。光绪四年（1878），文岚辞官归里，举办私学收授弟子。光绪十五年（1889）病逝。

宋兆焜传略

宋兆焜，字瑞征，同治十年（1871）生于石坝上。弟兄四人，兆焜居长。因家贫，主动承担农活家事。祖父辈目不识丁，祖登扬有远见，不忍孙辈再吃“睁眼瞎”之苦，举家省吃俭用，勉力供兆焜上学。就读于九溪文昌阁私塾。天资聪敏，勤奋好学，深得恩师夸赞。光绪二十一年（1895）赴安顺府，考取“秀才”。民国三年（1914），兆焜考取平坝师范传习所，攻读两年，毕业后返家办校办团，曾与宋琴山共同担任九溪村保董，主持寨务多年。民国十年（1921）后，卸去地方事务，与友数人于湖南洪江经商。年余，停商设私学馆于龙泉寺，收学子十数

宋兆焜先生，摄于 20 世纪 40 年代

① 《辑稿》载其所撰《谷腾岳妻周氏传》。详见附录。

人教读。民国十三年（1924）离开九溪赴马鞍山（蔡官镇属）办私学馆两年。民国十五年（1926），参加国民革命军卫戍司令部张三元部（驻今郎岱），充任编修官。年余返梓，继续开办私塾学馆。民国二十年至三十七年（1931—1948），先后在安庄屯、马场、小王寨、新寨等村设私学馆教授学生，经他授业的学生达四百多人。其间，还在民国三十三年（1944）担任尚武乡公所调解委员会主任委员。

兆焜一生为人正直，不以貌取人，不欺穷敬富，忠信待人，和平处世，知名度较高。对地方大小事务有请即便应承，办事公道，得到群众爱戴。六十和七十两次大寿，乡人祝贺，赠送匾额、寿联、寿屏等，足见其德范。

兆焜年轻时求师访友，学会堪舆。喜好书画，兼习诗词歌赋，尤擅雕刻，稍有空余，即用核桃雕出各种小动物如猴、牛、马、象、鸡、狗等，栩栩如生。

兆焜 1955 年病逝，终年八十四岁。生前自书墓铭曰："余志读诗书，名利未遂，由石坝而移九溪，只冀早步青云，不幸气运日下，世变数奇，停科罢考，革故鼎新。初办师范学校，考列一名，由斯办校办团，历有年所。继后出外从戎，充当卫戍司令编修一职，年余返里。凡遇地方大小事件，有请即便应承。喜正直处世，忠信待人，虽无善可述，亦未罅隙可议。务望子孙，绍其箕裘，永恢先绪也！自序。"

宋秉璋传略

宋秉璋，字绍周，生于同治八年（1869），启蒙于本村"文昌阁"高老先生处。读私塾七年，学习勤奋，在数十个学生中成绩优良。光绪二十一年（1895）赴安顺府考取"秀才"，此后在家设馆教读，以此为业，不问世事。闲读古书，与古人居；誊写版本，自得其乐。民国八年（1919），受聘平坝县天龙镇小学，教授国语（今语文）。由于性格固执，两年后仍返家乡开办私塾馆。此时九溪私塾馆增多，学生减少，竞争增大，辄停馆闲居，以誊写古书消磨岁月。民国二十年（1931），小寨村（离村五公里）人请去坐馆，收学子二十多人，教读四年后返回九溪。民国二十三年（1934），九溪创立公办小学，受首任校长黄映龙之聘，教授国语课。民国二十五年（1936）六月，学校统一组织师生游玩老青山，在外野餐归来，即感身体不适，医治无效，月余逝世，终年六十六岁。

秉璋性格怪僻孤傲，寡言少语，不善交际。对乡村事务从不过问，即使登门相请，也一推了之。少习书法，真草俱佳，刚劲雄浑，流畅潇洒。他一生亲手抄写并装裱过的各种书籍极多，如手抄《文武图》十四本，凡看过此书的人，都赞赏他书艺的精工。

王运荣传略

王运荣，字震华，又名杰，光绪甲辰年（1904）生。其祖父在骆驼山（平坝属）坐馆，带运荣于身边，授教六年，获益良多。十三岁丧父，母又改嫁。运荣随本村宋乙枝学习道士，赖以为生。民国十七年（1928），至安顺金遇隆开设的文德石印局任管理员，两年后返家。民国二十二年（1933）任青山乡（九溪）第二任乡长，因区催粮甚急，只好督促大户，遭宋秉清殴打，孤掌难鸣，遂卸职，在家闲居。民国二十五年（1936）至织金卷烟特捐经征所工作，两年后因人事变动返回九溪。民国二十七年（1938）任九溪第三联保主任。两年后因政体变动，撤联保建乡，继任乡长一年。因村民崔起鳌案件，承担了巨大风险，坚持处理好这一案件后，卸任退出政界，一心从事教育。自民国三十年（1941）起，历聘九溪小学历史教师。民国三十二年（1943）宋绍文再任乡长，登门邀请，盛情难却，出任乡书记（文书）员，继后担任副乡长半年。宋卸任后，即离职回村教书。民国三十六年（1947）又任尚武乡公所调解员。民国三十八年（1949）至1950年，离开九溪至骆驼山教书，避开九溪当时的混乱局面，稍平静后，返家闲居。1958年抑郁成疾，医治无效而逝，时年五十四岁。

运荣心性直爽，不与世争，谨小慎微，胆小怕事，不求有功，但求无过。擅长工笔丹青，书法上行、草、真颇有功夫，工整有力。编著《王氏家谱》。喜诗、联，收集整理成书，惜不传。

宋成章传略

宋成章先生像

宋成章，字达三，清光绪二十五年（1899）生于石坝村。民国三年（1914），随父迁居九溪。幼蒙庭训，十四岁至鲊陇读国立初等小学。由于勤奋好学，每次考试名列前茅，毕业后返回乡梓。民国十一年（1922），成章开始办学，收授学子。初期办在后街龙泉寺，至十三年才迁入家中。民国十四年（1925）九月，成章弃文从武，募集乡勇数十人，自任连长，谢子荣（平坝茂柏人）任副连长，带兵勇赴四川南川县交部队。同年部队调湖州，成章考入军官学校学习，两年后毕业。民国十七年（1928），成章所在部队编入国民革命军第四十三军李晓炎部，驻湖北宜昌，任少校军法官。同年，四十三军奉调由湖北转入贵州，推倒周西成，李晓炎任贵州省省长。成章奉调茂柏一带。其父得讯后，派人前去谎称其母病危，速返家中料理。成章久不满军阀间尔虞我诈、争权夺利、互相混战致使生灵涂炭，借机告假，同送信人返故里。民国十八年（1929），成章再执教业，在家中开设私塾，附近二三十里地方的乡村父老慕名将自己的子弟送来，先后十几批，所教学子数百人。民国二十五年（1936）开办安顺县东二区新三联保私立国学研究社。民国二十八（1939）年因外村亲友多次邀请，到离九溪十五公里远的小王寨坐馆，附近十多个村寨的孩子，前后五批共一百多人来此就读。民国三十一年（1942），安顺县政府委任为金官屯国民小学校长，才撤去私塾馆，于次年到任。民国三十四年（1945）返回九溪，聘九溪小学级任教师，上高年级语文和图画，其间曾为乡民委员会主席。民国三十七年（1948）又离开九溪到窑上村设馆授业，直至新中国成立。

成章性情豪爽，嗜酒，擅长纸扎绘画，书法真草俱佳，文学造诣颇深。可惜其书画作品及藏品均于“四清”运动中被查抄失散。

成章老先生数十年从事教育，东奔西走设馆办学任教，冀望众多的农家子弟能读书上进，堪为师表。1963 年因病医治无效去世，终年六十四岁。

黄国桢事略

黄国桢，字干民，1900年生于九溪。民国十二年（1923），考取北平朝阳大学法律系，在校时加入国民党，毕业后就任北平市党部委员。时同学陈文光（曾固）参加了共产党，搞地下工作，彼此之间的政治观点不同，但私人感情深厚，互不相忤。民国十九年（1930）秋，张廷休任河南省政府秘书长，因同乡关系，国桢被委任河南省禹县县长，后调任博爱县县长，至张廷休离任后才回北平。民国二十九年（1940）起，就任中国国民党贵州省党部主任委员达九年。1949年下半年，中国人民解放军进军大西南，贵州省政府办“反共自卫训练班”，国桢主讲三民主义。11月中旬，人民解放军进逼贵阳，贵州省党政军人员西撤，国桢往织金珠藏李名山处躲避。

贵州省人民政府成立后，陈文光（曾固）就任贵州省人民政府副主席，委其爱人前来安顺看望安中校长黄国权，授意前往织金劝国桢回来，言回来后可按投诚处置。国权赴织金见国桢，国桢信文光言，与国权同回安顺，不料却于1951年被处死。1979年经复查平反，认定国桢为起义投诚人员。

黄国权传略

黄国权先生像

黄国权，字执中，1908年生于九溪村。其父和伯父在安顺西街共同经营纱布商号，遂随父迁往城中。幼时曾在家乡读私塾，进城后又在张文屏处读书。国权年少时聪明颖悟，勤奋好学，成绩优良，尝被同学刘汉珍、张伯时等人褒称为“小百灵”。民国十九年（1930），赴北平，考入朝阳大学经济系。1931年回乡，与李国珠女士完婚，同年十一月偕妻返回北平。1932年“一·二八”事变后，回黔小住，不久返北平，完成“朝阳大学”学业。国权在朝阳大学攻读期间，待人诚厚，热情好客，与同乡学友十多人聚会，常相携遍游京城名胜古迹。其中，与中共地下党员陈文光（曾固）交往甚密，得以接触马、恩、列著作和鲁迅先生《呐喊》《彷徨》及茅盾的《子夜》等书籍。国权深知陈的身份和处境，仍无顾虑，交往如常，并提供自己的住所为陈活动做掩护，为陈提供诸多方便。文光在此为同道介绍各种平时少见的进步书刊，谈论国事，借以宣传马列主义和共产党救国救民主张。国权十分敬重文光，受其影响颇深，为国权一生拥护中国共产党、爱国爱乡、忠诚坦荡起了潜移默化作用。国权还在陈文光与黄国桢（黄的堂兄，早年从政的国民党）之间经常协调关系。

1935 年国权于"朝大"毕业后返乡。1936 年第一次出任省立安顺初级中学校长，直至 1940 年 2 月。1947 年再度出任安中校长，至 1957 年调离安顺①。1942 年，国权迫于家庭压力和世俗观念，由其任国民党贵州省党部主任委员的堂兄黄国桢举荐介绍，他以试试看的心情出任贵州省江口县县长，半年余即卸职返家。因官场倾轧排挤，他人地生疏，斗不过地方势力，加之国权秉性厌恶"县长"这个职务，国权返家时连路费都没有，不得不向友人借贷。

国权一生热爱教育事业，献身家乡教育。他办学严谨，一丝不苟，且十分注重方法。安中是有悠久校史的老学府，历年执教的老教师有些人思想守旧、教法落后，数、理、化知识较为薄弱，已不能适应。他着手教师队伍的整顿，增聘了理科方面有真才实学的新教师，如张纯翠、梅宗圻、夏增益、周士德、夏浓伯等十多人，减少老教师的课时，增加新教师课程。除了为文理科齐头并进增加新鲜血液外，他还采取宝塔式提高教学质量的分级制，认真健全了教学各方面的规章制度，为适应新文化，提高教学质量迈出了第一

① 据《安顺市第一中学校史稿》载：1936、1946 年两度出任校长的黄国权，青年时代在北平求学时受进步思想的影响倾向革命，回到家乡从事教育工作后，支持并参加进步师生的革命活动，掩护中共地下党员，曾邀请革命家、教育家黄齐生到校演讲，宣传延安精神和革命思想。曾组织"抗日救国宣传队"下乡宣传，发布《告同学书》，希望同学们利用假期"深入社会，深入乡村，了解民众情况，学习活的知识"。1949 年 11 月，曾组织护校队保护学校，迎接人民解放军进入安顺。

步。国权还注重发展新体育，大力开辟师生的文娱活动，让师生们得以劳逸互促、教学相长。他聘任陈果等老师按新方法上体育课，一改历年那种每周由退伍军人范连三上两小时的军训状况。采取摆乒乓球擂台赛等许多方法，普及新体育知识，培养学生体育尖子以带动师生，很受师生欢迎，收效甚好。课余常见学生在操场、院落开展各类体育竞技，不长时间使安中体育迅速发展起来。国权又积极采纳训导主任意见，在全校开展墙报竞赛、歌咏比赛、演讲比赛等活动。

国权中青年时代接近马列，思想进步，故 1936 年任校长后，积极对学生进行爱国主义教育，常结合国内外形势、抗战实际向师生员工宣传爱国主义思想。印发《告同学书》，期望学生深入社会，了解生活，学“活”的有用的知识，以期报效祖国，兴我中华。

在安中任职期间，成立“学生自治会”组织，时常征求教师和高班学生干部的意见，采纳合理化建议；充分发扬民主治校的精神，发挥师生的主动性和积极性，让学生参与管理学校部分事务，尊重师生的意见和权利。这些举措，使得安中师生融洽，学风甚佳。

国权十数年致力于安中教育，使安中教学秩序、规章、风气等方面一改旧况，面目一新，为祖国、为抗战培养了一大批人才，为家乡的教育事业不辞艰苦、尽职尽责，是安顺教育界的功臣。

新中国成立初期，国权不惧土匪残余势力骚扰、人心不稳的险恶环境，带领师生宣传党的政策法令，一如既往地做好教育工作，还毫不犹豫地担任了党交给的统战工作任务，旗帜鲜明地参加新中国的建设。先后担任省地县人民代表、政协委员和贵州省教育厅副厅长职务。

国权一生酷爱京剧艺术，造诣颇深。

黄映龙传略

黄映龙，名国栋，1908 年生于九溪村一个殷实的家庭。幼年曾于戴禹清老先生处读私塾。十三岁，至安顺读旧制中学。1930 年，映龙自费赴上海，考取光华大学中文系。三年肄业，返回桑梓，目睹家乡文化落后，立志致力于教育事业，为振兴家乡培植人才。1934 年被安顺县政府委任为九溪小学校长，首创九溪公立小学，为九溪新文化开创了新局面。1937 年离任，同年九月参加省训团集训，期满后任平坝县教官。1938 年秋，调任水城县教育科长。1942 年，其堂兄黄国权调任江口县县长时，随至江口县政府任秘书，半年后随堂兄返回家乡。1947 年至新中国成立后的 1956 年这一时期，在安顺一中（时称“省立安顺中学”）任教。同年因“反右”，错划为右派分子，解除教职，劳动改造。1957 年在改造中病逝。1961 年甄别后予以平反，恢复了名誉。

映龙一生从教十多年，治学严谨，身体力行，认真负责，作风务实。从创办九溪小学开始，就结合学校实际，制定了一些管理章程，发扬民主办校精神，使学校秩序井然，形成了尊师爱生的良好风气。又注重教学方法，采取灵活多样的教学方式。聘任的教师都具有真才实学，教学质量较高。九溪小学在草创初期，一开始他就很注意师资的选拔，从而为九溪小学的教育奠定了基础。

映龙先生文学造诣颇深，他根据九溪地理环境和自然风光创作了一首歌词①，作为九溪小学校歌，流传至今。

宋德仁传略

宋德仁，字绍文，光绪三十三年（1907）生于九溪村一个贫农家庭。弟兄三人，德仁居长。祖及父辈均不识文，但其祖很有见识，深知不识文化之苦，即使家贫，省吃俭用也要供德仁读书，改换门庭。德仁幼时，祖父送之至本村戴禹清老先生处读私塾六年，颇识文字，学习也大有长进。后因家境困难，停学同本村一些好友学做米生意，补助家庭。民国十三年（1924），德仁赴省城，考取军官教导团，学习三年，毕业后返回桑梓。不久组建治安队，任乡队长。民国二十年（1931），九溪改镇，任镇长。民国二十六年至二十七年（1937－1938），又改任东二区新三联保主任。在此期间，由贵州省政府委任为安顺、平坝、广顺、清镇、普定、织金六县联防剿匪副总指挥。民国三十二年（1943）任尚武乡乡长。其间，安顺县成立临时参议会，

① 歌词全文见“学校”一节。

德仁为候补参议员。民国三十三年（1944），安顺县参议会成立，德仁当选参议员，三十五年离职，调任安顺县政府社会科科长。民国三十七年（1948）调晴隆县政府，任兵役科科长至新中国成立前夕。时局变动，德仁由晴隆返家途中，遭土匪洗劫，险些丧命。

德仁一生为官多年，但为人正直，性格忠厚，秉公执法，不以势压人，不敲诈百姓。自他任地方乡务后，善体桑梓民情，九溪治安环境有了好转，村民安居乐业。过去土匪常来九溪骚扰，自他上任后，由于加强治安防范，每遇村邻报匪讯，即刻带领乡班征剿，故多年来土匪对九溪不敢轻举妄动。

德仁对于少数民族弟兄，采取保护措施。离村三里之苗寨——潦车（上、下寨），均系苗族，在德仁任期内，均免其服兵役，使其安居。德仁不善文墨，但能识文知义，名虽武人，却待人诚恳，不横行乡里，故九溪人曾给他一个诨号“老岳飞”，嘉其忠厚老实、办事诚恳。

1949年德仁从晴隆返家后，不久即收到曹绍华给他的信，要德仁组织人员反共。据他的侄儿宋深林说，德仁确实组织了一些人员（宋深林说是德仁的保卫人员），曾于五十年代初在老青山一带活动，后被人民解放军打散，随即参加曹绍华组织的“反共救国军”，任第三师师长。1951年春季，在紫云县“斗篷冲”一战，曹部被全歼，宋受了轻伤（据说是打伤屁股），未死，被几个人保护离开，到一个山洞里住下来。随后，德仁就在紫云一带靠帮人过日子，直至六十年代中期，才离开紫云到双堡东屯秧地坝罗家（不知名）。住了几天，罗资助了200元钱，他从此离开安顺到兴义其亲生女儿家居住，自此音讯全无。

顾之刚事略

顾之刚，字以仁，光绪三十四年（1908）生于九溪村。童年时曾在郭老先生处读私塾三年，十岁始进国立小学读书，十三岁后在安顺纱布店内当学徒。民国十三年（1924）回九溪，开始学做米生意。十六年至十八年，在安顺金遇隆办的文德石印局工作，经管财务。民国二十六年至平舟（今平塘县）县政府搞收发工作三年。民国二十九年至三十年（1940—1941）任尚武乡乡长，三十一年调任碧波乡乡长。三十六年至三十七年这一时期，当时任贵州省主席的杨森，组织地方“哥老会”（又叫袍哥），之刚为“义”字派大爷。民国三十七年，辞去碧波乡乡长职务回九溪，直至新中国成立。

之刚平素喜种竹养鱼，曾在九溪小堡前门口河岸种有一片竹林，在竹林旁修砌鱼塘养鱼，管护得当，竹林十分茂盛。之刚对养鱼颇有研究，水美鱼肥，每逢节期，即撒网打捞，供应村民，故那时九溪村民吃鱼极为方便。新中国成立后的1952年，因清算开设烟馆的历史，被判刑十年，1962年刑满后返家，自此静居家园，不问世事，终日勤耕园圃，以度晚年。1978年安顺县政协召开文史资料座谈会，之刚被邀请参加，提供了一些史料。1987年因病医治无效而逝，终年七十八岁。

顾国俊事略

顾国俊，字梁材，1901年生于九溪。弟兄五人，国俊行二。幼时，脸白俊俏，故人以“白二”呼之。童年时曾就读于族长顾荣封私塾，天资聪敏，勤奋好学，读书颇多。民国五年（1916）考取省立安顺初级中学，毕业后返家务农。国俊渴求知识，不愿死守家园，于民国十年（1921）自费赴河南，考取黄埔军校洛阳分校十四期。毕业后返黔，投在李晓炎[①]部。民国十八年（1929）李部失败，国俊返家，侍机外出。民国二十五年（1936），贵州省成立保安部队，维持地方治安，国俊经友人介绍，出任保一团中队长。民国三十四年（1945），由保安队调清镇，任保警大队长。民国三十七年（1948），因家庭兄弟间的事务纠纷，国俊告假，脱离保警队返家，直至新中国成立。

国俊在外为官多年，为人正直本分，洁身自好，为官清廉，不扰民害民。对部属爱护关心，要求很严，相处甚好。他常开导下属：“为人做事要讲良心二字。一不要害民，欺侮老百姓；二不要做伤天害理的事，要无愧于心。我们都是左邻右县的人，哪家都有父母妻室儿女，事做绝了会有报应的。我们保警部队的职责是维护地方治安秩序，整的是那些杀人放火一贯偷

① 李晓炎（1889—1930），原名正源，学名乐，贵州贞丰人，民国十八年（1929）任贵州省省长。

盗之徒，只有这样，才称得上是保警部队，不然的话，老百姓会背地骂我们祖宗三代。”

国俊在清镇任职期间，九溪生意人常往清镇赶场，有时碰到一些无赖寻衅滋事，找到国俊时，常出面帮助弹压解决。离职回家后，也常为村民调解纠纷，是一个好管“闲事”的人。国俊性格刚直，见不得不顺眼之事，处事公正，深得群众信赖。新中国成立以后，为家庭生计，曾买马车经营米生意，往来于省城。五十年代初期，参加安顺县运输联社，担任过一段财务工作，认真负责，工作细致，经管账目一清二楚。后因身体不适，告假回家，一九七八年病逝，享年七十七岁。

汪耀先事略

汪耀先，字守耀，生于光绪四年（1878），农家子弟。幼年因家境贫困无力读书，八九岁即随其父亲学干简易农活，十五岁成为家庭主要帮手。青年和中年时期，以经商维生。曾经营零盐、米糖、布匹等，跑云南、广西、贵阳等省市。

耀先一生走南闯北，见过不少大世面，有眼见，也有胆识，临危不惧，在关键时刻挺身而出。民国二十七年（1938），九溪村食盐供应不上，常与石板房村发生械斗（因盐仓设于该地）。事情发生后，为了妥善解决好食盐供应问题，联保处召集会议，请耆老几人参加。当时九溪参加的耆老有徐佑祺、马敬伍、何炳舟、汪耀先与联保处的朱绍文、翟起鳌等。在后街龙泉寺商讨时，突然闯进四名不速之客，扬言要翟的“快机”（手枪）一用。翟看势头不对，立即回避，未果，被对方开枪击倒，会场大乱，众人散逃。此时有一村民张甲寅身带屠刀，不了解情况，闻枪声想上前劝阻，而对方误认为是来报复，当即开枪将张打死。事态非常严重，联保处武装班闻讯后迅速赶到，包围龙泉寺，来人无法脱身。此时，耀先临危不惧，只身进入龙泉寺，力劝肇事者至联保处解决，保证他们的安全。肇事者保出之后，竟连夜逃走了。次日凌晨，由保二团大队长刘忠带领一批武装人员围住九溪，声言要血洗村寨。耀先冒着极大风险，为免生灵涂炭，亲自去见刘忠，详述当时事件过程，并善意劝阻刘忠不要扩大事态，同时将翟交刘带走。因翟伤势过重，抬至三铺时已死去，只得抬回九溪。翟的家属买棺装殓，停放多日，上告地方法院。法院开棺验尸，处理了杀人凶手，作了善后安排，方平息此事。由此可见耀先的惊人胆识。

民国二十八年（1939 年），村民梁老七之母，本属因病正常死亡，已入棺装殓，但外家冯姓来祭吊时，故意刁难，扬言要开棺看尸，不听孝家的任何解释，更不听旁人劝导，气势汹汹，蛮不讲理。孝家只得暂时回避，缓和一下气氛，同时去请耀先老人出面调停。孝家在途中碰上适值从亲友处回来的耀先老人，把情况说明后，耀先家门未进，至灵堂与外家长者平心静气商量，动之以情，晓之以理，使对方深受感动，听从耀先出面解决，使一桩严重事态终于平息。

耀先为人正派，性情刚直，好管不平，厌恶奸诈之人。村民间不管大小纠纷，只要他出面，多能以理服人，最终使双方化干戈为玉帛，是村民最敬重的一位老人。一九六一年病逝，享年八十三岁。

徐佑祺事略

徐佑祺，字兴元，生于清光绪八年（1882），童年时因家贫不能入学，启蒙于家祖之庭训，识得许多文字。十岁能帮助家庭做些简易农活，十五岁随其祖学纸扎绘画。佑祺头脑灵活，心灵手巧。在跟随祖父学艺期间，肯钻肯学，尽传其艺。又不守旧，大胆创新。他的纸扎绘画，做工精细且联成一气，故名声在外，平坝一带每年有什么法事，都要请至该地做纸扎绘画，一做半年以上，忙不暇接，历年如此。乡村举办各种盛会，纸扎绘画需求量大，佑祺忙个不停。

佑祺从事纸扎绘画工艺之余，还兼营商业，赶场宰零盐，农忙理犁耙，是个勤劳的好人。

他性格开朗，生性乐观，性喜助人。来九溪的异乡人有不幸死亡者，他总要承头捐资，给死者找个安葬之地。村中大小事务，他热心调解，息事宁人，是村民敬重的耆老之一。

佑祺在青年时代就爱上川戏，进入中年，爱之更甚。每年农历正月、七月，他主动上门把喜爱川戏者邀聚在一起，登台演出多日。他的唱做功夫达到炉火纯青地步，颇受群众喜爱。九溪戏楼就是在他和一些爱好者的积极组织下修建起来的。晚年，有子孙们继承手艺，心无挂碍，终日与一些老人聚在一起聊天。1960 年去世，享年七十八岁。

马敬伍事略

马敬伍，生于光绪五年（1879），弟兄五人，敬伍居长。童年时在本村高老先生处读了六年私塾。十五岁经商，开始售零盐，以后稍有资本，买马十余匹（俗称一帮）[①]，贩盐于紫云、板当、平坝一带，获利极厚。成家后，改业屠宰，直至古稀之年，都以杀猪为业。逢场必赶，如猪场、马场、云鹫山、章家庄等，无论天晴下雨、寒冬酷暑。闲天则在九溪街上摆肉案，为村民服务，几十年如一日。

他的经营作风非常诚实，不衣帽看人，老少无欺，钱饱货足，深得群众信赖。每到村民家买猪，无需定金，价定后即可将猪赶走，到时兑现，绝无虚言。

敬伍经商一生，信誉为本，几十年没有发生与顾客吵嘴之事。又乐善好施、急公近义，村民有什么事，总要上前相帮。为人耿直，见不得枉道人，说人不讲情面只认理，也不喜欢人当面讨好，是村民敬重的一位耆老。一九六八年病逝，终年八十九岁。

何秉舟事略

何秉舟，字开发，生于同治十三年（1874）。幼年时曾读过私塾六年。十五岁投师学习武功，身边不离棍棒，每日坚持自练，故体质强壮，满脸红光。秉舟喜爱耍龙，以逗宝为拿手好戏。清末民初，在秉舟的组织下，教出一批些爱耍龙者。民国初年，九溪耍龙风行一时，为春节增添了一项新的民间娱乐活动。

秉舟中年时期曾与一姓傅的合伙倒高炉，将碎银铸成银块，以便携带收

① 旧时亦称“店”，一店马为十二匹。

藏。在此之前，曾经营一个时期的甜糕小食，以后在家颐养天年。

秉舟性豪爽，健谈，说到高兴处，笑声震瓦屋。性情和善，面常带笑，村中老少均喜欢与他打交道，以“何大爷”呼之。嗜爱打字牌，家里不断牌友，常以此消遣度日。秉舟心地正直，说话诚实，见不得邪恶，也是一个爱管“闲事”的耆老。一九五一年病逝，终年七十七岁。

黄志云事略

黄志云，字金喜，民国四年（1915）生于九溪。二岁失怙，其母迫于生活，只得带着弟兄二人改嫁。不久其夫又死，再嫁于黄姓，始将弟兄二人抚养成人。母改吃长斋。志云年幼时心性聪明，其后父将志云送顾荣封老人处读了五年私塾。志云之兄婚后生一子，不久即病死。志云已至而立之年，因家贫，仍是光棍一人，只得与嫂同居而抚兄子。志云不久也生一子，啼哭无声，天生残疾。兄子不久夭折，哑子未及一岁夭亡，不久妻亦病故。在子亡妻死连遭不幸打击下，只得帮人当长工度日。年近花甲，仍孤身一人，在好友帮助下，卖掉住房，赘入宋姓之门，以度晚年。

志云童年虽读过几年私塾，只略识文字，写不下来。他一生虽然勤劳，什么大小生意都做过，如推豆腐、挖煤、卖糖、解板、帮人等，但就是做不上路，备尝人间酸甜苦辣。中年时代，生活稍有转机，但进入老年，嗜酒如命，几乎整天把酒当饭吃。性格越变越暴躁，亲朋好友多次劝导就是不听，反遭恶语中伤，老来缺少人情味。

他喜爱唱“孝歌”，从青年时起就特别感兴趣，每见到好孝歌书，百计千方总要弄到手才罢休。他对孝歌开头、收尾很有研究，韵脚押得巧妙。记忆力惊人，能熟记许多孝歌书内容，如《三国演义》《封神》《水浒》《西厢记》《东西两汉演义》《征东》《征西》《列国》《隋唐演义》《红楼梦》等数十种古书唱本。而且能因时因地自编自唱，流畅顺口，韵味十足。临场发挥，随机应变，恰到好处，其捷才和头脑的敏锐，为一般人所不及，深受人们喜爱。村内喜爱孝歌者，从他那里学得不少。

农村老人逝世，丧家开鼓，他可以连唱数夜，如遇对手，甚至通宵达旦；一人可以独挡多人，唱三五昼夜不翻头。民国三十年（1941），石板房王姓人家办丧事，曾以一块银牌作奖品，许多有名的孝歌手都聚在一起，想夺取这块奖牌扬名立万。志云参加了，连唱三昼夜，所有到场的孝歌能手被他一一击败，夺得了银牌，从此声名远扬。

老年的志云，成天嗜酒，性格变得孤僻，最后几年，竟至精神错乱，落得流浪街头，乞讨过日。一九八七年病逝，终年七十二岁。

刘炳清事略

刘炳清，又名炳益，光绪二十一年（1895）生于九溪村一个贫苦家庭。童年在宋瑞征老人处读过五年私塾。十二岁起，与人学做石匠。十五岁后随其祖父学做米糖，并与祖父一道赶场串寨。经过五六年的历练，炳清已能独立制糖。除了继承祖父所传，炳清在制作过程中加以研究和改进创新。他注意到熬糖的关键要领，主要在“火色”要掌握好，熬老熬嫩对米糖质量关系极大，所以他家的米糖香酥味美，在市场上深受欢迎。邻近村寨办红喜事之家，经常登门订购他家的“葵花杆”糖。炳清成年后，大半时间都花在制作米糖上，稳定米糖的生产质量，不断精益求精。炳清在制作生产米糖的同时，又兼做米、茶叶生意等，但以米糖生产为一家的主要经济收入。

炳清还有一手厨艺，村里办喜事之家，必请掌勺。炒出的菜品，众人喜爱，赞不绝口。

炳清一生勤劳，心地善良，性耿直，对人和气，奉公守法，常以信义诚实教导儿孙，对村中大小事务，乐意上前，是一个地地道道的老实人。1960年病故，终年六十五岁。

冯　氏

冯氏，宋登科之妻，道光二十一年（1841）生于下九溪，十八岁配于登科，婚后三年生一子，名定邦。不久其夫病故，冯氏坚守不嫁，遵守妇节，侍奉翁姑，颇尽孝道。同治初年，九溪突遭民乱，涂炭生灵，冯氏抱着襁褓子跟族人一道，奔赴晓礼山躲避多日，整日提心吊胆，一心为子而生。乱民走后，返家守护庭园。冯式含辛茹苦，勤持家务，忍受各种苦楚，省吃俭用，亦送定邦入私塾馆读书。定邦勤奋好学，品性善良，冯氏心稍慰。待定邦年岁稍长，则教以农活。

定邦年至十八，冯氏抱孙心切，即托人择女与定邦完婚。定邦先娶邹氏，不久又纳朱氏。婚后年余，两妻先后生子。邹氏子字翠峰，单名桢；朱氏子字琴山，单名梓。弟兄二人童年时均于朱姓老人处读私塾，喜天资聪明，读书发奋，成绩甚佳，十八岁上，于光绪年间安顺府考，琴山取中文秀才，翠峰取中武秀才。冯氏教子成名，光宗耀祖，于是由乡梓往府台呈报，待授皇清旌表节孝匾额。冯氏九十高龄而终天年。

第十二章 杂记

坝弯路

据村内年高老人传述：事情是由挑河水引发的。清代嘉、道年间，后街村民到大堡去挑河水，不知何故大堡村民竟不让挑。后街村民挑不到河水，心里不服，就想法来对付，来一个你不仁，我也就不义。大堡村民赶猪马场要从后街经过，后街村民就不允许。于是隔阂越演越深，乃至发展到以中间街为界，砌石堵断，来个河水不犯井水，真是鸡犬之声相闻而不往来。大堡村民为赶猪马场找不到去路，迫于无奈，只得沿九溪河畔上端的张家坡、石洞坡脚下，顺山开出了一条小道赶场，这就是坝弯路的来历。

事情就这样僵持了很久，互不相让。后来还是三街耆老出面调停，几方共同商定，各自承认不对之处，保证今后不再干这种蠢事，对多事者也进行了严肃的训斥和教育，化干戈为玉帛，同寨人不能内室操戈，取消了封锁墙，并订下了严格的条款，各街必须遵从，谁不听从者，由三街议处。隔阂逐渐消除，村民间又恢复往来并亲善多了。至今就留下了这条路的历史。

水 碾

过去，九溪有水碾十余家，几乎形成一个小村寨。水碾发展如此之多，主要是有九溪河这一水利资源提供了条件。村内一些富裕之家利用河水之力沿九溪河畔修建了水碾，解除了村民垒谷、舂米繁重的体力劳动。水碾在当时来说，算是食品加工较为先进的设备。九溪“米贩子”多的原因与水碾多有极为密切的关系。

水碾下端为一石拱桥形，下装有木制圆形水伞。中有一木桩竖于伞中，直伸上端，横穿一块方木，另以一小圆木连在横木上固定，稍出尺余，套入一个以石制成的圆体中心固定滚动。碾槽为圆形，全以石密砌而成，光滑成槽形，以利石碾滚动。从水碾上端开一水沟，对准下面水伞，使水力直冲于水伞板上，即自动旋转不停。石滚沿石槽滚动，稻谷置于槽中，一个多小时即可将二百市斤左右稻米碾成米，比人工效率高数十倍。

1959年夏季，九溪遭到一场百年未有的特大洪灾，将沿河两岸水碾大部分冲得精光，有九人丧生于洪灾之中。朱明宗一家除一个孩子当天返校幸免于难外，包括其岳父在内老小五口全部丧生。张星隆户水碾房全部冲毁，幸存一堵墙，也摇摇欲坠，一家老小十一口人冒着倾盆大雨站在这堵墙上，情况十分危急。村民冯才舟冒着生命危险，乘独木筏奋力拼搏，岸上百余人齐拉拴在筏上的绳子全力相助，两次抢渡，终于将张家十一口人救离险境。人刚离开不久，一个巨浪将余墙卷入水中，众人见之，无不骇然。至此，九溪水碾不复存在。

鲤鱼岩

离九溪村北一公里，有石半出土中，形如鱼状，人们呼之为“鲤鱼岩”。水涨时节，岩石被水淹没，大小鱼群聚于石之周围，互相追逐，久聚不散；水消鱼走，平静如常。石上有一天然小孔，人们用口吹之，发出呜呜之声。1957年扩修公路时，将此石清除。

背时井

距村西一公里，有一平地土井。周围全系稻田，井内虽有水，但需水打田时，水总淌不出来。为抢季节及时把秧苗插上，农户只得从远处引水，插上了秧苗。待周围稻田已满栽满插后，井内水又源源不断外流，水势还大，沟渠小，水流急，竟溢出沟渠而淌入下部稻田中，冲毁田中秧苗，冲倒田埂，农户不得不及时糊整田口，加固田埂，疏理泥土压坏的秧苗。急用水时而流不出，秧苗全部插完后竟流淌无用之水，毁田冲秧，真是害人不浅。农民边整田禾边骂曰："背时井呀，背时井！"真是一点不错。

石笔架

后街水井旁，立有一堵石壁，高二米，长三米，上有一巨石凿成的笔架，与东面塔山遥遥相对。笔架下方有一水神土地庙，庙前为水井，井深6米，周围以石砌边防安全。据碑文记录，后街水井修建于明崇祯十一年，至今有三百多年历史。石壁上建有"龙王台"。据村内一些知情老人口述，塔山、石笔架、水井、文昌阁是九溪的四件宝。这四件宝是联成一气的，塔山为文笔，水井为砚台，文昌阁为一本书，文笔靠于笔架，既培补九溪风水，又显示九溪文雅之气。

五显庙

后街中心五显庙，建于明代中期，何人主建，无从查考。据笔者走访村中知情的老人，说"调北征南"时来九溪定居的屯军家属中，有信奉"五显"的，系他们所建，并塑像供奉，历来香火旺盛。

民国二十八年（1939），九溪修建小学，因存放材料需要，当时主建校舍的负责者戴福田，令人将"五显"搬掉，腾出庙房作仓库。后来学校由于某些原因未建成，存放的材料也不知去向，庙成空房。民国三十一年（1942），有一四川人，姓李，来此租房，开设面馆，生意十分兴隆，但不久因事转回原籍。又一四川人，名袁清云，在此开理发店，直至新中国成立。袁死后，此房收归集体，后又转变为私房。

五显乃同胞共母之五弟兄，姓肖，排列是：显聪、显明、显正、显直、显德①。

农村对于"五显华光"的解释是："五显"是妙善公主一胎生下的五位灵神。一天，公主生下一个大肉球，丈夫用剑砍开，蹦出一个长着五个脑袋的孩子，父亲又用剑把它分成五份，这就是"五显"。有的村民还说得出这

① 据清姚屺瞻《铸鼎馀闻》，神姓柴，婺源人；又姓顾、姓林，无姓肖者。姑存之。

一天是阴历九月二十八日，因为“五显”降生这一天要举行纪念仪式。究竟是哪个朝代，哪一年的九月二十八，就不太清楚了，但有人说是宋朝。明田艺衡《留青日札》记载：明太祖定天下后，梦见成千上万的阵亡将士请求祀典，太祖特许五人为伍，命江南人家立“五显堂”供奉。这同祭祀“五显”较为密切。清张澍《竹枝词》有这样诗句：“田歌处处乐升平，芦曲吹时社鼓声，送得山魈还五显，大家齐上竹王城。”看来这种迎“五显”的习俗，至少在清道光年间就已经有了。九溪“五显庙”虽供奉有“五显菩萨”，据笔者了解，除宋、王、杨、马几姓每年阴历九月二十八日举行纪念供奉外，对于这个公家的“五显”从无人过问。现该庙已改作商业门市。

银杏树

小堡廻龙寺前，有一株巨大银杏树，高达20余米，粗可六人合抱。其树枝叶繁茂，形如伞盖。果实成熟后自落，满地皆是。为了弄清这株巨树有多长历史，笔者走访多人，但都不清楚准确时间。有说此树为建庙时主持所栽，小堡庙建于清嘉、道年间，距今一百八十多年左右。有的说此树在建庙前已经有了，理由是这么大的树，至少要在二百年以上，即康熙年代；而且如果是开庙僧尼所栽的话，那么不可能是一株，而是多株。因为庙前均系空野，成活多株也是可能的，因此认定这株巨树时间不会少于二百年。还有一种说法，认为这株巨树是野生的，理由是，九溪河两岸树上常有鸟类在此繁衍生息，是鸟类从别的地方衔来银杏树果实，掉入地中腐烂后而自然生长，因为此处系荒野空地，也杂生一些树木，鸟类在此栖息而将衔来的银杏果实掉入地中，也不无可能。由于年代久远，树干分裂，中间形成一个空洞。村中小孩常于洞内嬉戏玩耍。1982年秋季，小孩们在洞内生火烧烤食物，引起了枯木燃烧，吓得小孩们一哄而散。一时风助火势，很快烧到上端。火舌喷吐，顶端树枝被猛火烧断，不时掉落下来。树高火猛，有力使不上。大队请来枫阳厂灭火车，由于火势猛烈，水浇上去如火上添油，难以扑灭，幸离民房较远，才未酿成大患，烧断残枝，堆积如山。事后，大队组织人力进行清理，选出较好的部分进行加工，为九溪小学添置了数十套课桌。此树烧后近些年来又重发新枝。

汪公庙残存文物

1990年冬，大堡村民重新整修汪公庙，在清理残存文物时，从中清出了两件物品，一件是光绪年间石碑，另一件是神匾、神联。

现将光绪年间石碑原文抄录于下：

奉

普定县（注：今安顺）正堂段示，谨将原禀批示列后：

具恳禀民凌兴科、陈乔法、陈启学、冯秉正、吕登云、朱桃发、朱国珍，住莫安里九溪坝，距城五十里。为恳禀以重正供、便民遵纳事：缘民等十姓，祖居上九溪，额载屯粮共八十六石零三升，自来管理□□□粮差□□九，田窄粮重，每年民等□□共纳银伍□□□□□□□□稀少，屯田荒芜甚多，难以完成□□□□□□□□□纳银四十余两，有硃单存凭。□□□□□□□□□□□各上宪，严饬清摊粮款，临用粮着恩洞鉴，情寔已可怜，第□□□系属□□罗□□□□□□□每岁带丁，共该缴贵平市银玖拾两整。窃民等一体遵乞，大老爷台前抚赐圣怜尝准立案，永照遵纳，俾民等□□□□祝万代矣！

批示：九溪坝凌兴科禀请立案，谨批。查该屯丁粮，业经本县踏勘，荒芜系属实，特兹既今体恤可也。

光绪十四年七月谷旦。

按：此碑文距今已一百一十多年，因时间久远，且埋在土中，又被火烧过，故碑文上一些字迹已无法辨认，□者即为不清之字。

神匾：声灵赫濯（民国四年杨春申）。

神联：封公封王血食千秋隆祀典；保国保庶声名万古荐馨香。

第十三章　民间组织

老年协会

1989 年 12 月 2 日，九溪村成立了老年协会。村委会腾出了两间房子，作为协会的活动室，老人们有了活动场所。初期参加协会的只有 40 多位老人，经过两年多的发展，现已有会员 140 多人，其中有 50 多人是妇女会员。老年协会成立后，严格按照上级要求开展工作，组织全体会员围绕老有所为、老有所乐、老有所学、老有所医、老有所养这几个方面，积极开展活动，在桑榆之年奉献余热。曾连续被评为省、市老龄工作先进农村集体。1991 年 11 月在全国农村老龄工作经验交流会上，安顺市老龄委还整理我村老年协会材料，在会上进行交流，得到上级的表彰和鼓励。

九溪村老年协会的成立，老人们纷纷走出家门，组织在一起开展力所能及的工作。大家认识到，老人们的眼光不能仅仅停留在安度晚年上，应围绕九溪村的发展和管理，开展各种活动，才具有现实的社会意义，我们的桑榆晚景更加富有光彩。

一是调解民事纠纷，促进社会治安综合治理。九溪寨大人多，情况比较复杂。近些年来有些消极因素在村里滋长蔓延，严重影响了家庭关系、风尚习俗和社会秩序，因此家庭不和，邻里纠纷屡见不鲜。尤其严重的是，一些老年人的家庭地位不断下降，有的甚至连生活也无着落。调解这些问题，增加了村委会的负担。为了减轻村委会的压力，把主要精力放在抓大事方面，带领群众发展生产、脱贫致富。1990 年 3 月，老年协会挑选了牟世国副会长为主的十一位老人，组成了一个民事纠纷调解小组，承担本村各种民事纠纷的调解工作。

村里有位宋××老人，因子女不尽赡养责任，生活无着，曾向区法庭申诉，并经法庭依法裁决，但子女阳奉阴违，老人对他们无可奈何。宋××老人投诉到老年协会，协会召开调解会，把老人及其子女请来，先是动之以情、晓之以理，好言规劝，然后秉公剖断，促使其子女当场认错，并保证按法庭裁决奉养老人，做到生养死葬。

老年协会调解纠纷，不仅仅限于投诉的，只要知道情况，就主动登门过问。村民张××染上赌博恶习，夫妻反目，女方坚决要求离婚。老年协会了解情况后，主动上门找张××严肃指出赌博的危害、家庭分裂的痛苦。张听后，诚恳地向妻子认了错，表示今后决不再干，妻子原谅了他，一个面临破裂的家庭终于得以挽救。

九溪老年协会座谈交流　　佚名　摄

老年协会在调解工作中，不收费，不骂人，重在了解原委，正确评判是非曲直，公正处理，因此得到群众的拥护。两年多来已调解各种民事纠纷80多起，对促进社会治安综合治理起到积极的作用。

二是抓好计划生育树立良好的社会风尚。老年协会抓住本村出现的典型事例，同群众一起分析、比较、宣传计划生育的重大意义。有的老年协会会员还冲破思想观念，带头做儿子媳妇的工作，推进全村计划生育工作任务的圆满完成。

三是积极带头搞好秋粮入库任务，为社会主义建设作贡献。协会会员除带头完成秋粮入库外，还协助村委会深入各户说服动员，检查督促，并带头早交粮、交好粮，为群众树立榜样。1990 年，我村在全市率先完成秋粮入库任务，受到市委、市政府的表彰。

九溪老年协会四老（左一：张寿齐、左二：牟世国、左三：宋修文、左四：王厚福）

佚名　摄

村前有条河，河上有一道低矮的石坝，平时水浅，人们可以从石坝来去。遇到涨水季节，石坝被水淹没，水流冲力大，群众涉水过河非常危险。1988 年，有一村民冒险涉水，刚到河中，被洪水卷走，三天后在三里多远的地方找到尸体。因此，每遇涨水，人们总是提心吊胆，眼看着河对岸的田园庄稼干着急。老年协会想群众之所想，急群众之所急，一致认为这是关系到全村群众生产、生活的大事，决定集资建一座永久性的大桥。通过组织发动，向群众集资二千多元，村委又筹措四千多元，终于在 1990 年秋季建成了一座长 50 米，宽两米，高 3 米，21 孔的钢筋混凝土大桥，为群众彻底解决了过河难的问题。

九溪有不少田地都集中在农家河、后坝一带，历来没有一条像样的路，送肥、收割全靠人挑马驮。此处有座小煤窑，煤质虽好，由于路难走，群众烧煤要肩挑翻田过垄。村委会研究后，决定修好这条农机通道，彻底解决路难走的问题。老年协会协助村两委，承担了集资的具体工作，抽出四名老协会员参加工程领导小组。1991 年春季完成了修路任务。该农机通道全长二点五公里，宽两米。马车、拖拉机可以通行。

老年协会非常重视对下一代的教育培养。九溪小学有近千名学生，30 多名教师。由于学校规模较大，管理困难，协会还派出了一名会员协助学校做管理工作，贯彻落实有关规章制度，保护、维修教育设施，保证了学校的正常教学秩序。

老年协会在为家乡建设办实事、办好事的基础上，根据“养为结合，以为促养”的要求，结合本村实际，积极发展种植业、养殖业。1991 年，在市老龄办的支持帮助下，种植柑桔苗 2500 株，并在行间套种花生。同时还购进 1400 多元的獭兔进行饲养，后来由于情况变化，獭兔全部损失。1994 年，协会又从外地购进李树 500 多株种植，终于获得成功，取得了一定的经济效益。

九溪老年协会订有《贵州日报》《法制报》《中华老年报》《贵州老年报》以及备有象棋、扑克等文娱用品，老人们把这块场地当成了“家”。不管晴天、雨天、严冬酷暑，每天饭后都要来活动室聚会。周末，协会安排老人们学习时事政治，学习一些养生之道。平时活动说唱古书、摆故事、说笑话、搞智力测验等，这些活动，也引来不少青年人旁听。人们都说，自从老年协会成立后，村里不断出现新气象了。

九溪老年协会还对本村敬养老人的好家庭进行调查，对那些敬老养老、爱老的好儿女、好媳妇、好孙男孙女等，把他（她）们的先进事迹，采用黑板报或墙报写出表扬，并用有线广播在全村宣传介绍、扩大影响，推动全村敬老、养老的新风尚。

九溪村老年协会的先进事迹，得到省、地市老龄委的高度重视。1992 年春季在山东省潍坊召开的全国农村老龄工作经验交流会上，将九溪村老年协会的事迹印成会议资料发放并上报中央，被评为全国农村老龄工作先进集体。九溪村老年协会也载入贵州省 1992 年年鉴中。1997 年，九溪村老年协会，在组织发动下，得到村两委支持，把我村多年来进行过的迎春活动恢复起来，并以每年农历的正月初九定为每年的迎春节。

九溪村老年协会成立后，其中有部分老人各献一技之长，热情洋溢地写出了些祝贺诗词，现分别录写于下：

◆张寿齐

（一）

九河汇流青山麓，溪水清澈映垂阳。
老骥伏枥壮志高，龄同南山古松长。
协力同心余热献，会当邪衰正气昌。
光辉灿烂前景好，荣誉归党政策良。
事成惟须恒与毅，立身正修业自昌。

（二）

欣逢盛世添新篇，老年立会史无前。
政策英明及时雨，老有所终享天年。
余热尽数献桑梓，人寿年丰乐无边。
党恩浩荡辉万里，幸福和乐谨记源。

（三）

春风浩荡百花妍，十亿神州尽开颜。
盛世难逢我今逢，虽有残年犹壮年。
上下关注老年境，力所能及为当先。
壮心未已争朝夕，喜看红霞正满天。

浪淘沙（二首）

协会成立，众翁心情激荡，满室欢声笑语，感而书此。

室内闹声喧，喜气盎然，满座老翁竟开颜。梦里笑声惊老伴，仍在“逸园”。◎举杯频频添，酒醉心甜，豪情未减似当年。心广顿觉天地展，红霞满天。

凭栏山色苍，绿柳垂杨，溪水清清映骄阳。晴空万里热似火，这里独凉。◎旧屋老门窗，满壁诗章，颂党恩情万年长。白头老翁心花放，满室馨香。（庚午仲夏月）

◆宋修文

（一）

欢庆老年别有天，喜贺归宿乐陶然。
上九山青培后土，下溪水秀映前川。
人老雄心壮犹在，延年放眼志未残。
同协共建桑梓地，聚会联语谱新篇。

（二）

耳顺古稀耄耋翁，今朝聚会意深浓。
晚年喜有余热地，党恩浩荡乐春风。

（三）

老当益壮涌春潮，龄同松柏堪自豪。
协助桑梓善其事，会使接力志远超。

水调歌头·吟老协会

协会依河畔，陋室面貌新。常闻欢声笑语，直上九霄云。室内座无虚席，鹤发童颜健壮，春风满面生。◎学文件，说唱书，弈弈棋。暮年享此晚景，激荡老翁心。不论严寒酷暑，不分天雨晴日，饭后总登临。“逸园”无限好，青山夕照明。

颂老协

老人欢聚一堂，脸上焕发红光。枯木逢春吐芬芳，人人心花怒放。
年高老当益壮，献计献策有方。建设桑梓理应当，有福大家共享。
会内谈笑自如，看报弈棋说书。幸福晚年度春秋，党的政策引路。

清平乐·赞逸园

老当益壮，精神喜健旺，身在“逸园”心舒畅，“寒宫”哪比得上！◎室内幽雅清新，夜间灯火通明，品茶静坐听书，深夜悄悄来临。

（庚午岁仲冬月）

◆王厚福

老协颂

去年十二月里，老年协会成立。参加人数一百余，个个皆大欢喜。
庚午正月初九，会员天天到齐。室内满座常相聚，唱书说笑弈棋。
三街老人一起，幸福和睦团结。同舟共济相体贴，彼此尊重谦虚。
老年壮心不已，齐争共献余热。前进道路树功勋，建设美好九溪。

（庚午仲夏月）

◆刘继超

九溪赞

九渠滔滔汇成河，溪水潺潺颂高歌。
老年坚志开创业，人烟稠密众安乐。
德才兼备名士有，高尚风格人夸说。
望去丛山龙虎势，重在启后又依托。
仁慈谦和文明地，里途历经多坎坷。
多处体现党恩暖，贤士辈出渐增多。
名传四方众钦仰，垂训后世子孙学。
青山夕照古村寨，史册永载称楷模。

（庚午仲秋）

【附】宋修文作品：

储金会

改革春风吹万家，文明古村焕新芽。
继往开来今胜昔，承先启后锦上花。
仁里多贤增异彩，钟灵毓秀放光华。
综合治理贵坚持，新风新貌谁不夸。

文化站

（一）

水绕山环一古村，明拓今逾六百零。
三老弈棋天生境，九溪汇集地得名。

仁里多贤官书赠，钟灵毓秀启人文。
天龙文笔晓礼景，放眼已失旧时春。

（二）

古村漫道数百年，五十余姓居此间。
迎来解放换旧貌，扫去阴霾展新颜。
十年改革村容变，百业兴起史空前。
共同齐奔小康路，民富国强乐尧天。

（己巳岁孟冬月）

编　后

九溪，一个历史悠久的古文明村寨。经明、清两代、中华民国和新中国建立后的半个世纪，至今已有六百多年。村寨有它独特的自然环境，有丰富的地下煤源，门口有一条宽敞的九溪河，山清水秀，气候温和，村寨居住在山环水绕之中。在盛世修志的大好形势下，笔者心情激动，想在有生之年，把我们这样大村历史写出来以启迪后人。在安顺县志办主任宋畔同志的鼓励和指导下，得到他亲自审订目录，并建议以村志模式来写九溪村各种史料，从而使笔者下定决心，克服诸多困难来完成这一夙愿。目录确定后，收集资料，困难颇多。九溪有许多极为珍贵的文物古迹均遭人为破坏和散失。为写好村志，笔者带着试探心情走访村内一些年高老人，和他们采取摆谈形式，寻根问底求得比较完善的资料，详细做了记录，再分类整理。幸好这些知情老人们还健在，如不抓紧时间对历史的及时抢救，再过一些年也就没有希望了。笔者经过数月艰辛，克服许多困难，终于为写好九溪村志，积累了不少第一手资料。1989年底，写出了一个比较粗的“九溪村志”初稿送给宋畔同志过目，他在百忙中进行认真修改，并提出许多极为有益的宝贵意见，为再稿和完善充实“村志”增加了许多内容，起到了画龙点睛的作用。在初稿基础上，反复进行了六次增删修改。内容一次比一次更为丰富，使九溪村的历史面目和先民们在这块古老土地上披荆斩棘、辛勤劳动地开创业绩，客观地作了纪实，再现九溪历史面貌。

《九溪村志》是九溪历史的纪录篇，它采取薄古厚今、远概近细的原则，对搜集的史料进行反复分析，弃粗取精，弃伪存真，比较翔实地写出了屯堡人的风貌。志稿写出之后，经过张寿齐老人参阅，针对部分史料做了修改；

看过本志稿的牟世林、黄国桃、王厚安、王厚康等同志，他们从不同的角度也提出许多宝贵意见，笔者加以充实，丰富了“村志”内容。安顺师专张荣同学绘制了九溪村图。

《九溪村志》除笔者的辛勤劳动外，主要得助于九溪尚健在的一些“活字典”老人的助志精神。没有他们提供更多的史料，纵然笔者有此雄心壮志，热情再高也是难以实现的。如徐志华、高志明、朱仲明（已逝）、张陈尧（已逝）、刘继文、顾仲和（已逝）、王厚福、牟世国、张仲云（已逝）、朱仲华、高德昌（已逝）、顾光兴、张学政（已逝）、顾之兴等十几位老人，他们都毫不保留地将所知情况尽情提供。对他们的助志精神表示诚挚的敬意。

在《九溪村志》写作过程中，也得到各级党政领导的重视和关心支持。特别是宋畔同志以极为负责的态度，在百忙中对本志稿多次审阅和修改的崇高精神，是推动笔者写好《九溪村志》的精神支柱，表示最衷心的谢意。

本志截止时间为1999年。

一九八九年十二月初稿

一九九一年五月二稿

一九九二年四月三稿

一九九二年十月四稿

一九九四年五月五稿

一九九九年七月六稿

原安顺县供销合作社退休干部宋修文　编著

二〇〇〇年五月三十一日第七稿

附：

九溪耕地地名录

方位	田 土 地 名				
东部	狗爬岩	大冲头	白脸坡	姨妈坡	白蜡关
	大石关	谢家塘	顾家坟	老胖桥	檬子树园
	老青山	瓦窑上	青菜坡	田家冲	老和尚凹
	螃蟹坡	鸭蛋窝	梁家凹	塔 山	坝头上
	石关门前21个				
南部	小桥坡	花果园	小冲头	前 坝	小坡树
	芭蕉叶	鸦东岩	蕉瓜田	水槽头	冷水冲
	茅栗园	小园山	朱家冲	冯家山	余家凹
	茶叶头	坡顶上	陡石岩	菱角塘	水碾上
	高家车场		上轿鸡		22个
西部	大牛圈	后头山	跑马地	塘坡上	西路头
	偏坡地	十二上	雁落头	野狗凹	金家坟
	钢架桥	背时井	草堆坡	躲雨洞	戴家坟
	十亩田	大平地	木林坡	东 段	脚
	大农家坡	小农家坡	胡家大坡	后 坝	24个
北部	张家坡	杨梅树	柿子园	蚌壳塘	弯地头
	石洞坡	偏 岩	大块地	姚塘头	苦李塘
	大龙潭	石将军	土地庙	螃蟹坡	黄土坡
	泥粪塘	大坡坎	刷布地	鲤鱼岩	坝 弯
	20个				

附　录

【附录一】

一部村落“史记”的曲折历程

——记伯父宋修文与《九溪村志》

宋兴平

安顺市首部村志——《九溪村志》，在迈进癸卯年春分之际整理完毕，即将面世了。这是一位老人怀着浓郁的乡情，于晚年倾注了10余载的心血写成的志书。19年前，这位老人已经作古，而现在，他的呕心沥血之作在各方的关心和支持下终于付梓了。这其中的辛酸曲折，真的令人感慨连连！

这位孜孜于村志编纂的老人，是我的伯父宋修文先生。

早在二十世纪八十年代初期，有一年的清明我回乡祭祖，在与伯父闲聊中，他说退休后想做三件事：一是九溪作为一个安顺周边最大的屯堡村寨，人文地理皆有颇多可述之处，为启迪后人，意欲编撰九溪村史；二是重新整理安顺入黔宋氏家谱；三是汇集和完善其数十年的文稿及诗词。我听后很感佩伯父的识见和意志，迫切期待他早日完成这三大宏愿。

伯父宋修文，又名德空，1926年出生于教育世家，自幼受教于家中“宋氏私学馆”，未曾上过正规学校，然却有“秀才”之称。擅诗文书法，诗词颇丰；书法尤以行草见长，楷隶次之。然令人痛惜的是，由于家人无知，在其逝后，他的书法及诗词文稿皆当废品处理了！

伯父早年做过教员，1949 年后开始参加土改工作，之后进入商业系统，最后调入原安顺县供销社，直至退休。因其亲历供销社的发展历程，故而退休两年后，受邀独立完成《安顺县供销社志》的编撰工作。事后，同仁曾有诗赞：

宋公壮志不言愁，平生坎坷几多忧。
正逢花开春有意，一部社志写春秋。

1986 年 9 月，已退休回乡准备著书的伯父，在一次骑自行车外出寻访时不慎摔伤，造成左腿股骨粉碎性骨折。因迷信土医，被民间庸医搓揉加重。我获知后催促入院医治。由于二次创伤严重，不得不手术切掉坏死的股骨头，伯父从此落下了伤痛残疾，出门须倚杖方可行走。一年多后，腿伤初愈，能勉强下地行走的伯父，带着伤残之躯，步履蹒跚地外出采访村中宿老，收集资料，甚至爬坡上坎查看史迹。按其所言：很多“活字典”年事已高，时不我待，恐悔不已。曾记得有一次，为考证古迹联语，其全然不顾股疾之痛，竟然上至崎岖陡峭的晓礼山顶，还即兴赋诗一首：

携杖奋登晓礼山，今朝漫游左足残。
举步直达头墙地，停身放眼门外天。
远看群山峰峰起，近观村舍寨寨联。
围墙三匝今犹在，只叹庙貌夷平川。

伯父性格坚毅刚强，每次寻访回到家中，老人总是大汗淋漓，服下止痛药，护着伤痛之处忍受多时，不言不语。尽管如此，其编撰村史的初心并未改变。在资料匮乏、信息网络欠发达的二十世纪八九十年代，既无资金也无助手，仅凭一己残疾之力，要完成一部时间跨度大、涉及内容广、史实性较强的村志，其难度不言而喻，现在想来真让人匪夷所思。

1988 年，一次偶然的机会，伯父与原安顺县县志办主任宋畔先生相识。宋畔先生听了伯父写书的打算，建议以志书形式记述九溪的历史发展较妥。伯父遂依其所言，根据志书的编撰格式要求，即着手拟写提纲。1989 年初开始动笔起草，年底便完成了初稿。完稿后交予宋畔主任审核，得到首肯并提出了一些修改意见。1991 年 5 月，在综合意见后又修改完成了第二稿。嗣后，伯父不断求证，不断完善，不厌其烦地反复修改，直至 2000 年 6 月完成最后一稿（第 8 稿）。寒来暑往，前后历经 11 个春秋，其中之艰辛，能有几人知？在电脑尚未普及的年代，每完一稿，重誊一次，每稿 10 余万字。老人因股疾之故，伤腿须平放方能舒适，故而所有文稿皆置于腿上，悬着钢笔直身书写，若无书法功底，实难做到。其毅力之坚强，精神之执着，无不令人为之感动和敬佩。

《九溪村志》第二稿完成之后，便开始引起了许多热衷地方文化的学者的关注，尤其是省内外一些大学的专家教授及学生，在对安顺屯堡村寨进行文化调研的同时，都要专程前往九溪与伯父座谈交流，并参阅《九溪村志》。上海东方卫视及贵州电视台等省内外媒体的记者，还专程采访过伯父。原安顺学院教授、地方文化研究专家范增如先生，尊称他是“老饱学”。贵州省文史馆馆长顾久先生，在《九溪之溪》序中写道：“宋修文老人世居九溪，先后用十一年时光八易其稿，手书上百万文缀成一部民间的《九溪志》……”地方文史专家杜应国先生在《九溪村志》序中客观评价道：“从地方史研究的角度看，九溪所隐藏的历史信息和蕴含的文化积淀，对地方史研究的拓展和丰富都是极有裨益的。”“作为一位倾情于桑梓文化的前辈老人留下的遗稿，尽管书中难免还有种种不足之处，但它毕竟是我区、我市现代村志书写的开先河之作，仅此一项，就可称弥足珍贵。”云南师范大学教授、北京大学社会学博士后李立先生，在其《在学者与村民之间的文化遗产》一书中，曾用将近一个篇章讲述他眼中的宋修文和《九溪村志》：“从 1989 年开始，退休干部宋修文为本村修志。八易其稿的《九溪村志》为我们了解村落提供的帮助，不亚于 2005 年出版的《屯堡乡民社会》。我进村时，宋伯已故去。以铅字出版《九溪村志》，据说是老人最终没有实现的夙愿。记录历史的人，也成了历史。通过解读《九溪村志》，我们可以窥见村民理解的九溪历史。更重要的是，可以窥见学者与村民有关地方知识的互动。”

按照李立教授的调查，《九溪村志》手稿是安顺屯堡研究学者引用率最多的资料。“从《贵州安顺地戏调查报告集》开始，《九溪村志》对于研究九溪的重要性就体现出来了。之后的学者对它更加重视，比如《屯堡乡民社会》共引用《九溪村志》14 次。在 2008 年出版的一本专著《建构与生成》中，《九溪村志》仍被列为参考文献。以参考文献直接引征的途径，《九溪村志》被链接进学者的知识生产。学者对待《九溪村志》的态度，是把它作为一种证据，用它来为自己说话。”许多参阅过《九溪村志》的专家学者，都认为该书很有文献价值和研究价值，应该付印出版。然而，由于诸多因素未能如愿！记得当年原贵州某大学的张教授，应承伯父帮他联系出版事宜，于是带走了珍贵的最后一稿（第八稿）。为表感激之情，伯父当即曾赋诗致谢："初次相识吾村庄，言谈语重又心长。为我村志面大众，教授恩情永不忘。”事隔 18 年后我与张教授于九溪偶遇，问及手稿时却说不慎遗失，这真令人唏嘘不已……痛哉！惜哉！这对于伯父、对于九溪，甚至对于屯堡地区是多么大的遗憾！然而，值得庆幸的是，资料较全的第 7 稿现仍保存于安顺学院屯堡文化研究中心。

晚年的伯父，因伯母的突然故去，形单影只，心力交瘁，身体衰退，渐渐地患上了阿尔兹海默症。也就是在这一年，眼睛模糊，视力严重下降的伯父，仍然坚持完善和誊写了《九溪村志》的最后一稿——第八稿。《三联生活周刊》的朱文佚记者，在其 2005 年的一篇文章中写到的伯父，就是患病初期的情形："我在村里采访的一个叫宋修文的老人，已经手脚颤巍、神志迷离了。可这个老秀才执着一个事业，他从 1989 年开始根据寻访和记忆撰写他们村的村志，每年重新誊抄一遍，至今手写了上百万字。临走的时候，他把《九溪村志》早些时候的一手抄本送给我，那上面的字迹清晰刚劲，可是纸张泛着经年累月的蜡黄，已经有点破损。这厚厚的一本书我小心翼翼地收在办公室的书柜里，似一神物，沉甸甸，岁月深深。”

《九溪村志》手稿，犹如一坛原浆的老酒，虽然它只有原野的苦涩，然而却让许多的文化学者争相品尝，朴实而又醇香。岁月无声，老酒经过一次次的启封，香气散去，酒味已淡矣！想象那一本本由多色信笺书写的泛黄手稿，在数十年的沧桑岁月中，究竟留下了多少人的眼影，印下了多少人的手纹，我们无从知晓。然而，一位热爱桑梓潜心研究屯堡文化的老人，一位曾向无数专家学者讲述过屯堡往事的老人，一位不图名利耗费 10 余年心血自资著志的老人，带着无限的遗憾，于 2004 年默默地离我们远去，享年 78 岁。

自 1989 年《九溪村志》初稿完成至今，转眼已是 34 载。在重视文史档案的安顺学院贵州省高校乡村振兴研究中心的关心下，在一群与之素未谋面，而又热爱乡土文化的晚辈支持下，伯父当年的夙愿行将告竣了，这也是对一位执着老人的崇敬和迟到的安慰吧！

末了，借此谨代九泉之下的伯父向关心他及《九溪村志》的各界人士，表示由衷的谢忱！

2023年3月

【附录二】

如何书写村落历史

——《九溪村志》及其书写者的故事

李立（云南师范大学教授）

从1989年开始，退休干部宋修文为本村修志。七易其稿的《九溪村志》为我们了解村落提供的帮助，不亚于2005年出版的《屯堡乡民社会》。我进村时，宋伯已故去。以铅字出版《九溪村志》，据说是老人最终没有实现的夙愿。记录历史的人，也成了历史。通过解读《九溪村志》，我们可以窥见村民理解的九溪历史。更重要的是，可以窥见学者与村民有关地方知识的互动。

《九溪村志》将村落的起点推向600年前的"征南"屯军。十位军士在九溪定居下来，"草莱开辟"（《续修安顺府志》）、繁衍生息。这就是"十大姓开村"的故事。《九溪村志》中的许多部分都以明朝开头，叙述中也时时穿插明、清的时间刻度，但所述最详还是20世纪以来之事。宋老伯和他所走访的村中老者记忆的上限决定了《九溪村志》真正的上限，此前的历史只有借助于正史、方志。正如村民张伯在序中所说，"史料记载不多，查找困难，村内年高老人也只能提供其经历或听上辈传述之事；本着详古略今的原则，只好对明、清两代有史料者列入，虽有传说而无佐证者舍去；有传说而合情合理者则注明'传说'予以记叙。对民国以来所发生的事件，则多方查证，按实记叙"，或如宋伯自己在"编后"中所说，采取"厚古薄今、远概近细"的书写原则。正因此，《九溪村志》的许多内容就具有某种程度的可靠性。

1.“十姓开村”与村名由来

《九溪村志》（第七稿）共分13章，依次涉及九溪的自然环境、村寨、姓氏与人口、政治、经济、文化、社会、生活状况、言旨话及其他、名胜古迹及民间传说、杂记、民间组织，最后还附有“九溪村田土名录”。以下摘引《九溪村志》关于九溪村建寨、村名、人口的描述，并做分析。

明朝建立后，洪武十四年（1381）和二十一年（1388）进行了两次南征。第一次南征明军于安顺屯兵之际，称之为“十姓”的屯军家属先来开辟九溪。他们是：朱、姚、冯、余、陈、梁、胡、洪、童、吕姓。先民们于此辟草莱，斩荆棘，为开发九溪奠定了基础，至今已六百余年。

“明初”这个时间起点会在《九溪村志》中一次次出现。此处的“开辟九溪”“辟草莱”有《续修安顺府志》的痕迹，“黔中人民，多来自外省。当草莱开辟之后……”想来宋伯读过《续修安顺府志》此段文字。这段文字多年来被学者广为引征。

明朝初年，元梁王把匝剌瓦尔密镇守云南，对朱元璋旨意多次违抗，甚至明目张胆地杀死明朝使臣。为巩固西南边陲，朱元璋派颖川侯傅友德为征南将军，率步骑兵二十万征南，于洪武十四年（1381）九月出发，大军分两路入云南，一路由郭英、陈桓等率领，从永宁（四川）、乌撒（威宁）入滇，一路由傅友德率领由辰源（今湖南）进入贵州地界，十二月到达普定（今安顺），在此大量屯军。朱元璋令安陆侯吴夏在阿达卜择地修建了现在的安顺城。待云南平定后，安顺和安顺周围便成了明军的大本营。安顺周围至今留下了许多屯、堡、旗、关、哨、所等一类军事性质的地名。明军两次南征，傅友德两次被任命为征南大将军，战事一直延续了好些年，而军事镇压结果，西南这块土地很难征服。朱元璋从实践中悟出了一个道理：要想征服西南，必须采用安抚和征剿并用的两手。因此，他积极推行了屯田制度，使大量屯军家属和当地老百姓共同生活，共同劳动，以达到感情上的融洽，“待以岁月，然后可徒（应为‘图’——引者）也。”（《洪武实录》卷192）。

傅友德亲领的大军，随征剿平息，屯军驻扎于安顺周围。屯军家属中的十姓，实为开辟九溪的先民，他们到后不久，把九溪的山川河流各自占为己有。如九溪河上至白大坝下至仙人坝乃朱姓所有，民国初年，谁在河内捕鱼或于河畔建房，朱姓将索取费用。至今九溪周围的许多地名如朱家冲、冯家山、余家凹、梁家井、姚塘头、胡家大坡等，是当时各占地盘的佐证。几百年来，朱姓虽迭遭变迁，但人丁较为发迹。陈、梁、胡姓次之；冯姓外迁者多（下九溪）；姚、余两姓人户更少；洪、童、吕三姓至今已无一户。吕姓仅有吕元勋一人，于民国三十年（1941）至平坝属之天龙镇招赘落户。

从明初一下子跨入民国，可写之事便多起来。十姓凋落，唯余地名。朱姓所记最详，但像“几百年来，朱姓虽迭遭变迁，人丁较为发迹”的“几百年”，如以民国初年朱姓地产之大为据实在说不过去，即便以方志所记“咸同之乱”中九溪村朱姓之祸来说，也就140来年，距明初尚远，距民国初年却近。同样，吕姓的踪迹也只于民国可循。另外，“屯军家属中的十姓”这一短语也显得模棱两可，“屯军家属十姓”是否就等于“屯军十姓”（“十军士”）？而在《九溪村志》（第六稿）中明确说的是“十军士”。表述上的这种细微差异也许纯属偶然的一念之差，但也可能意味着某种更深远的东西，比如作者的谨慎和自我怀疑。无论如何，通过《九溪村志》，也通过引述《九溪村志》并加以点评的学者论述，“十大姓”或“十军士”“开村”的故事逐渐深入人心，越来越明确。

随后不久，宋、黄、顾、张、赵、高、钟、杨、马、代等姓，相继来九溪定居。以上诸姓，第一次南征时，先居安顺、平坝等地后迁入九溪。安顺之顾府街（今民主路）因顾成住过而得名。宋忠也曾居住过安顺，故有“宋官巷”街道之称。

顾、宋二姓，不仅在今天是村中显姓，而且在历史上的安顺城也留下有据可查的地名（虽然这地名未必有几百年历史），地名甚至延续到了晚清和近代。先居安顺等地，后迁入九溪，所以在安顺留下遗迹。与后来的诸姓相比，除朱姓外，“开村十姓”的其他九姓先后凋敝。

洪武二十一年（1388）第二次南征不久，大量移民则往西南充实，历史上叫作“填南”。由于九溪有得天独厚的地理环境，来九溪定居者日趋增多，这是尽快形成大村的主要原因。从明初至清康熙的三百年间，九溪达千余户，六千多口人，是人户鼎盛时期。

“填南”是另一个人口来源。“填南”的时间跨度比“征南”大得多，却又乏善可陈。不过，“从明初至清康熙的三百年间”的“填南”足以解释九溪“千余户，六千多口人”的来源。九溪村称为“屯堡第一村”的原因之一，就是它的人口。《九溪村志》作者像其他村民一样为自己村落人口众多、人气旺盛而自豪。

九溪是明代屯军之地，明军驻扎的地方，都曾有带军事性质的地名，如屯、堡、旗、关、哨、所等。屯军眷属到九溪作为永久定居而开发九溪之初，把定居点叫作“大堡”。随后由于第二次南征，到九溪定居的人户增多，“大堡”容纳不下了，就另外发展，后来者的发展就称“小堡”。

九溪既然是明代屯军之地，在地名上就要有所体现。“大堡”“小堡”就是这样的地名。第二次南征距第一次南征不过 7 年，从“大堡”到“小堡”，人口的涨幅很大。

移民陆续涌来，则由两处延伸向后扩展，并逐渐形成三大街，这时的九溪已是百户以上的村寨了。乃至中间街道形成后，村名“九溪”，便自然形成。三大街于清乾隆五十五年（1790），修建门洞六个，至今二百多年，大堡门洞上端尚有清乾隆五十五年（1790）的石碑记载。民国时期，为防匪患，大堡门洞上端及袁家门楼上均修有石硐，驻有乡丁防守。

《九溪村志》（第六稿）与《九溪村志》（第七稿）的叙述稍有不同，是这样的：“屯军眷属到九溪作为永久定居而开发九溪之处，把定居点叫作‘大堡’；以后，到九溪定居的人户增多，‘大堡’容纳不下了就另外发展，后来者的居住地称‘小堡’；之后移民陆续涌来，则由两处延伸向后扩展，他们的居住地则称为‘后街’。”

《九溪村志》（第七稿）增加了“小堡”居民与第二次南征的联系，略去了“后街”这个地名，只模糊地说“三大街”“中间街”。“后街”这个地名不好处理，一则它与屯军“征南”毫无联系（当然，也可以用第二次南征后不久的“填南”解释其居民的来源），二则失去两次南征的时间参照系，“后街”这个地名的时间起点就无从说起。可能出于这些因素，《九溪村志》（第七稿）对《九溪村志》（第六稿）的表述做了调整。

经笔者走访年过古稀的朱仲明、高德昌两位老人座谈，据先辈传述，九溪村名至少经过明代八个皇帝，经考证约在公元 1457 年即明英宗天顺年代形成，这时距九溪开发近八十年了。九溪村名是那时一些文人秀士经过一番思考而取的，称为“九溪坝”（过去误叫九其坝）。

古稀老人、古稀老人的先辈、明代的文人秀士，明代八个皇帝和1457年（明英宗天顺年间），建立谱系的支点是老人的记忆和先辈的传述。古稀老人和传述这两个词在《九溪村志》其他地方多次出现，比如，“九溪米糖从明洪武年间就有了。创始人为钟姓始祖钟大吉。钟姓原籍四川成都。明洪武十四年（1381），奉调征南入黔，不久，来九溪定居，随将制糖之工艺传授一些村民。据古稀老人谭盛清口述：初期只有三五家制糖，以后逐渐发展到百户以上”。传述一词既体现了《九溪村志》作者的严谨，也可能随时动摇传述内容的可靠性。古稀老人的先辈离1457年既可以说远，也可以说近，就看我们如何理解先辈这个词。明代文人秀士取名“九溪坝”，过去却误叫“九其坝”。“溪”在当地读作“其”，“九其坝”有时写作“九渠坝”。《大西桥镇志》说：“明崇祯九年以九条渠流水汇聚得名‘九渠坝’。1958年，人民公社化时，将‘渠’改为‘溪’，去掉了‘坝’字，故称‘九溪’而得名。”[①] 何谓九溪？古稀老人和先辈看来也没有留下答案，《九溪村志》作者只得自己寻求答案。

村中一些人都知九溪系九河汇集而成，但究竟是哪九条溪水鲜为人知。笔者为弄清九条溪水的来历，查阅了《安顺府志·安顺志》中的有关记载，终于查清了九条溪水的真实情况。九溪河源头上有二官大井、清凉洞、仁岗屯之野鸭塘等处，流经水桥、郑家屯归入三铺河（府志称为中铺大桥），统称为一溪也；鲍屯水流入则称为二溪；西陇水流入为三溪；背陇、安庄水流经大西桥为四溪；小寨水流入为五溪；黑寨（今和桥）流入为六溪；吉昌河水流经中所入马场为七溪；马场地下水流入为八溪；鲊塘河洞水流入为九溪。上述九条水经大龙潭伏流里许而归入九溪河。这就是“九溪”村名的来源。

“九溪”是九条溪水的统称。是哪九条呢？《九溪村志》作者在《安顺府

---

① 安顺市西秀区大西桥镇志编委会．《安顺市西秀区大西桥镇志》［M］．贵阳：贵州人民出版社，2006年，第454页。

志》中找到了答案，解了自己的心结。今后，如果有爱钻牛角尖的人问起“九溪是哪九溪”，就可以给他一个明确的答复。无论如何，在没有新的说法产生之前，现在解释的九溪聊胜于无，也被引用《九溪村志》或《屯堡第一村》的学者接受下来，得以推广。

洪武二十二年（1389）开始的大量移民，充实西南地区，来九溪定居的移民也随之增多。加之战乱平定，明军中一部分转为当地居民等因素，九溪人户的发展更为突出。

据村内一些年老人传述，至明朝末年，九溪是一个很大的村寨了。清康熙年代，人丁更为兴旺。据古稀老人朱仲明口述：他清楚地记得并亲眼看到后街龙泉寺内立有一块石碑，记载有九溪的历史。清康熙二十二年（1683），九溪有一千二百零三户，五千七百一十口人。自康熙至咸、同的二百年间，是九溪人口发展的鼎盛时期，户近两千，人口八千之众。

古稀老人朱仲明再次出来作证，清楚记得并亲眼看见一块记载九溪历史的古碑（当然，像许多历史证据一样，这块碑被毁了），碑上说，九溪人口曾经达到八千之多。

其中朱姓一族于洪武初年先于九溪安居，人户繁衍二百多户，人口一千余，是大姓中极盛的旺族。至同治初年，全村遭受严重的战乱，朱姓一族损失尤为惨重，人丁大伤。《续修安顺府志·安顺志》载：“同治二年（1863），二月十四日，许大八部由安平（今平坝），至乐平，四乡失稻坉，洞指不胜屈。”“九溪村朱姓合族守狗爬岩坉，坉破时数十户死亡殆尽。”“后街村民则躲于晓礼坉内，虽有城墙可阻，但坉上人多，又缺水，只有捐金始得免。”今日大堡一带尚存昔年残垣废墟遗址。

朱姓于洪武初年定居九溪，于同治初年人口损失惨重。从古稀老人传述的古碑，转入《续修安顺府志》所记，再到今日大堡残存遗迹。记忆中的古碑、方志、历史遗存，勾勒出九溪朱姓从明初至今的脉络。

《九溪村志》的上述文字是学者引用率最高的部分。从《贵州安顺地戏调查报告集》开始，《九溪村志》对于研究九溪的重要性就体现出来。之后的学者对它更加重视，比如《屯堡乡民社会》共引用《九溪村志》14 次，在 2008 年出版的一本专著中《九溪村志》仍被列为参考文献。以参考文献或直接引征的途径,《九溪村志》被链接进学者的知识生产。学者对待《九溪村志》的态度是把它作为一种证据,用它来为自己说话。

不过,《九溪村志》也有自己的“生命”和故事。这类故事有许多来自并触及与学者有关的知识生产,隐含着学者的知识生产。

2. 村志书写者与学者

宋伯家住九溪后街,出身书香门第,幼承庭训,上过私塾和三年现代学堂,小学毕业。曾经是县供销社的干部,也做过短期的县税务干部。退休回村后,闲来无事,喜欢舞文弄墨。1989 年上半年,在安顺县志办“宋畔同志”的鼓励和指导下,宋伯开始修志。历时半年,于 1989 年底完成《九溪村志》初稿。此后,就是耗时十年之久的反复易稿。其中,1989 年初稿,1991 年二稿,1992 年三稿(四月)、四稿(十月),1994 年五稿,1999 年六稿。2000 年 5 月 31 日,宋伯写下第七稿的编后语,并注明所志截止时间为 1999 年,而自己的身份是原安顺县供销合作社退休干部。我从安顺学院屯研中心得到的就是《九溪村志》第七稿的复印本。据说,这也是留存的最后一稿。它的原件据说被来自贵阳的张教授取走,拿去出版。但是,宋伯没有等到这一天。2004 年,他离开了耗尽晚年心力的《九溪村志》,享年 78 岁。

2004 年初,《三联生活周刊》记者朱文佚为写作《贵州傩戏:活着的传奇》一文,曾在九溪采访过宋伯。这恐怕是宋伯给外界留下的最后文字:“屯堡九溪村 76 岁的老人宋修文回忆他童年岁月里的春节味道:烟熏的腊肉和神龛前的烛香,猪血和豆腐做成的‘血豆腐’弥散的腾腾热气,傩戏里形状各异的‘花脸子’所张扬的夸张而浓烈的色彩……现在,一切依旧。关于乡土和民俗的印记温情脉脉地植入了他的心底,演变成了数百年间石头、土地和神的故事……”[①] 第二年,在另一篇文章中朱记者回忆说:“我在村里采访的一个叫宋修文的老人,已经手脚颤微,神志迷离了,可这个老秀才执着着一个事业,他从 1989 年开始根据寻访和记忆撰写他们村的村志,每年

① 朱文佚:“贵州傩戏:活着的传奇”,《三联生活周刊》,2004 年 1 月 19 日,总第 273 期。这是一篇严肃而诚恳的报道,尤其是它让村民再次发出自己的声音,对于外界理解地戏和村落、强化村民的文化自信和某些村民的威望,其影响力非同小可。

重新誊抄一遍，至今手写了上百万字。临走的时候，他把《九溪村志》早些时候的一手抄本送给我，那上面字迹清晰刚劲，可是纸张泛着经年累月的蜡黄，已经有点破损。这厚厚的一本书我小心翼翼地收在办公室的书柜里，似一神物，沉甸甸，岁月深深。”[①]

在《九溪村志》编后语中，宋伯感谢帮助过他的人，包括为《九溪村志》作序的张伯和提供信息的村民。其中，我见到房东刘伯的名字。他提到那些为《九溪村志》作证的“古稀老人”的逝去，像宋伯、刘伯、王伯、牟伯这样的九溪活字典，最终将告别来九溪的学者，只将名字和言论留在学者的文本中。

《九溪村志》规范的方志体例应该归功于宋畔，“得到他亲自审订目录和建议以村志模式来写九溪村各方史料，从而使笔者下定决心，克服困难来完成这一夙愿”。宋畔何许人也？除了知道他在县志办工作，其他信息不太清楚。在屯堡文化研究方面，宋畔显然不太活跃，否则我会看到他的相关成果，但他仍然可以称为地方学者。1992 年 4 月和 10 月，宋伯完成了《九溪村志》的两次修改。这在他的《九溪村志》书写史中是绝无仅有的一年。它引起了我的注意。不排除其他原因，有件事却不能不提。那年 5 月，为撰写《贵州安顺地戏调查报告集》[②]，台湾学者王秋桂和陪同他的本地学者沈福馨、帅学剑、谢振东等人来到九溪村，召集包括宋伯在内的几位村民进行了一次座谈。这两件事聚在同一年，也许是巧合，但也许互为因果。

从文字记载看，宋伯在会上第一个发言，表现积极。面对学者，宋伯慷慨陈词。谈到自己编修的《九溪村志》，谈到自己对屯堡、地戏尤其地戏断代的看法，也谈到自己正在参与编修的《宋氏家谱》和始祖宋龙（可能就是《九溪村志》所述洪武年间落户安顺市宋官巷的“宋忠”），引经据典，提到的史料我已经很眼熟，就是我分析过的被学者们广为引用的那几条。也谈及与学者们的交流，“省文联有位先生给我看过康熙时候的《贵州通志》，其间

① 朱文佚：“三联三年，一次理想主义邂逅”，http：//www. xici. net/b244699/d60450173. htm。

② 王秋桂、沈福馨：《贵州安顺地戏调查报告集》，台湾财团法人施合郑氏民族文化基金会，1994 年。

印有画图.‘土人跳鬼’……省剧协谢先生拿一本《中国舞蹈史》翻给我看”[①]。这里提到的“谢先生”正是记载宋伯上述言论的《贵州省安顺市九溪村小堡地戏考察》一文的作者。

受邀座谈的还有张寿齐（“过去的大学生”）、王厚福（“唱本刻印家”）、顾光兴（“小堡地戏班成员”）、顾之炎（“地戏班头”）。宋伯的身份是“农村私塾秀才”。在这篇题为“地戏议源”的座谈记录中，学者隐去了自己的声音（那么，谁来提问和发起话题？学者在正文隐身而在注释现身，耐人寻味），把所有声音都留给了村民。与此同时，村民的声音中却有大量来自学者的注释。张伯，尤其是宋伯的声音中又有大量与学者共享的文献信息。令我惊讶的是，村民的观点，甚至无意间举证的史实都能在学者所加的注释文献（正史或方志）中找到相应的根据。村民思考的问题、引用的史料甚至得出的结论与当时学界如出一辙。

宋伯认为地戏起源于乾隆年间，有两三百年的历史。村民对地戏与跳神双重话语的处理，也很有意思。王伯说，“后来也叫屯军不丢掉武艺，练兵习武。这可能成为地戏为哪样尽演打戏有关系。它是非打不跳，非史不跳。以后转兵为农，又有香火赛社，地戏跳神”[②]。宋伯说，“明朝（根据大家说的），军屯练武、农垦跳神，……在屯堡跳神，戴脸扮神将迎春塞社中表演了，旨在庆丰驱鬼，但还没成今天的地戏”[③]。他们把地戏和跳神分成两个时段的事，值得再次注意。在座谈记录的最后，“顾光兴说：我们屯堡村寨的农民，看书不懂，见识也少。叫我们捉摸地戏、跳神的历史，只有就自己参加演出的，过去见到听到的讲出来，供大家参考，我们也不怕笑。王厚福说：笑，我们也听不到。哈……”[④]

---

① 王秋桂、沈福馨：《贵州安顺地戏调查报告集》，台湾财团法人施合郑氏民族文化基金会，1994 年，第 353 页。

② 王秋桂、沈福馨：《贵州安顺地戏调查报告集》，台湾财团法人施合郑氏民族文化基金会，第 357—358 页。

③ 王秋桂、沈福馨：《贵州安顺地戏调查报告集》，台湾财团法人施合郑氏民族文化基金会，第 358 页。

④ 王秋桂、沈福馨：《贵州安顺地戏调查报告集》，台湾财团法人施合郑氏民族文化基金会，第 361 页。

真的听不到吗？2008 年出版的《建构与生成》一书引证了这次座谈会所记录的村民观点，包括地戏起源断代和清代小说在贵州的兴盛对地戏的影响[①]。学者和村民的观点镶嵌在一起。从 1992 年的九溪座谈到 1994 年的《贵州安顺地戏调查报告集》“地戏议源”文本，再到 2008 年的《建构与生成》“地戏起源及其性质的重新探索”，村落与学界的互动呈现出一条隐约可见的轨迹和一种持续着的互文景观，其中似乎可以梳理出某种“因缘际会”的逻辑：如果没有《贵州安顺地戏调查报告集》作者到九溪的研究活动，就没有那次座谈会，就没有那份“最值得重视”[②]的座谈会记录，也就没有 16 年后座谈记录在另一个文本中的复现。村民的声音是学界唤起的，在学者的文本中保存下来，延续、传递，仿佛有了不朽的生命，也像是被吸附进去的生物。《九溪村志》发出的声音也是这样，在诸如《屯堡乡民社会》这样的文本中保存并传递给《屯堡乡民社会》之后的文本，构成另一个序列的轨迹与景观。

《九溪村志》都有“小地方、大历史”的特点，村落历史、人口来源、民间信仰、民俗活动被放在屯堡文化的框架中分类、描述和解释，叙述框架大都受到学者知识的启发。在这方面，新修的家谱与村志很相似[③]。我们也看到，在村民心中历史的源头在很大程度上影响着村落的现实定位，决定村落朝什么方向去包装和发展自己，所以“弘扬屯堡文化”成为村志书写的目标。

《九溪村志》用“明初”表述的是祖先的荣耀，用“清末”“民国”表述的是现实的苦难。村志叙述最详者大多是 20 世纪 20—40 年代的人和事，诸如第一次“过河会”、第一次“抬亭子”迎春会这类对后来的九溪村恢复文

---

① 朱伟华等：《建构与生成——屯堡文化及地戏形态研究》，桂林：广西师范大学出版社，2008 年，第 245 页。

② 朱伟华等：《建构与生成——屯堡文化及地戏形态研究》，桂林：广西师范大学出版社，2008 年，第 245 页。

③ 参见张金奎：“贵州安顺屯堡社会调查报告”，万明主编：《晚明社会变迁问题与研究》，北京：商务印书馆，2005 年；吴羽：“屯堡历史在屯堡人中的‘复活’”，TIM OAKES、吴晓萍：《屯堡重塑》，第 132—144 页。

化再生产具有示范意义的事情都发生在这段时期，村志所记的大部分九溪“人物”都活跃于这一时期。从古稀老人的记忆看，这段时期最清晰。民国政府向民间推行新生活改良运动，鸦片种植导致人口迁移[1]，土匪猖獗，大户人家修筑高墙碉楼，九溪的门洞、门楼，邻村云山屯和本寨的所谓古建筑都出现于那时。看来，苦难与荣耀都容易被选择为表述自我的主题。

① 参看卢百可：“贵州省安顺市附近‘屯堡人’祭汪公活动的变迁和意义”，TIM OAKES、吴晓萍：《屯堡重塑》，第191—193页。

【附录三】

《安顺府志》《续修安顺府志稿辑》中与九溪有关的资料文章

《安顺府志》

九溪坝　在治东五十里。东界普定下九溪，南界镇宁高寨，西接竹林，北界普定鸡场屯。有义仓一。又隶《普定·奠安里》。有老青山，一名天龙山。

老青山　在城东五十里，一名天龙山。有三峰，中峰最高，左右两峰，排列于下。升至半岭，左峰下有乌龙洞，洞上有亭，为登临者憩足之处。循阶盘曲而上，古杉大者数围，槎枒婆娑，皆数百年物。庙后一竹林，下名天米峰，出自然米，轮廓具存，色微黑。上至中峰顶，有石覆之，名活动岩，偶拨则动，用力推之不动。峰巅高数千仞，北望思腊河，东望车头河，俯视峰峦，皆成培塿，为郡东一大奇观。右峰在西，有双眼井，天生桥有石方丈。其麓有池二，左清右浊。

九溪河　《方舆纪要》云："在卫东南四十里。溪流九曲，萦洄而东，即威清卫的澄河之上源。"《通志》云："在城东南四十里，九溪汇而成河。"今在城东五十里，河北五里，有大龙潭，为鸡昌桥、大水桥等水所汇，出流为九溪河。下经旧州碧波桥河，折入周官屯，再流为邢江河。

合郡八景之六——米遗青山　（普定。又名天龙山，俗名老青山）层峦叠拥，高插云汉。山足则环以九溪之水，山半有乌龙洞。行人至此，小憩始能登也。拾级而上，古杉大数围者，环列道旁，至山顶俯视，则诸山皆如儿孙矣。米在藏经阁后竹林下，传建文至此所遗。竹林方圆不过丈余之地，米杂落叶中，披叶寻之，色黑而质坚，形体宛然，轮廓毕具。有半截者，有全粒者，居民取以疗腹胀、心气痛之疾。或以酒冲服，或以开水煎服，气如陈土，亦往往有效。凡至寺者，无不取之也。有贪而欲多取者，遍扫落叶，已无所见矣。顷易一人复寻之，则颗粒宛然。盖历数百年不见其竭也，亦造物之奇矣。

游老青山

刘庆臻

九溪河畔偶登临，步上青山不计寻。
山势磅礴雄且杰，浪说天语堪闻音。
千树万树乔柯矗，中藏古刹最萧森。
刹后神米连蹊长，建文去后传于今。
攀萝缘磴升绝顶，果然可摘辰与参。
下视城邑逾千里，闾阎匝地依桑荫。
上有灵石岐嶷立，妙能点头识人心。
推之辄动摇不扑，神仙巧置如悬针。
将军著屐昔寻乐，拱璧特加珍南金。
归来细与山僧话，不觉鸾鹤已满林。

宋万青家传

宋协彝

大父姓宋氏，讳万青，号元文，庚午恩贡生，诰封通议大夫。

少负奇气，善属文。既屡困文场，乃慨然曰：“穷达命也，士不为国望，则为乡表。此生为有用人足矣，何必区区取荣科第哉！”乃家居养亲，无复进取志。专肆力于诗、古文词，尤善论史事，于古人制物应变之际每三致意焉。岁丙辰，兴义苗匪滋事，延及安郡。邑故有滨河十三寨苗民，素强悍，乡人疑之，苗亦惧不容。百里内人心骚然，先生乃倡于众曰：“苗户多素封，本无念乱，只以吾人疑自疑耳。及其事未集，可譬解也。”乃请于大吏，颁义旗百，载以往。苗初闻先生诣郡，谓必以兵来，即大恐，益自为备。比至寨中，乃先生也，则又大骇。于时苗众执戈以俟，先生徐坐笑曰："若愚甚，缚一人，何 甲也？若等与吾乡人幸生盛世，安乐逾百年，今曷忽生疑衅？若几见有倡乱可长久者乎？天戈一挥，冰散雹分，悔无及矣。今与若约，尔虞我诈，我无尔虞。"诸头目大喜。请如约，且曰："吾等闻乡人仇，窃谓乱亦灭，不乱亦灭。今闻公言，乃更生之辰也。"因欢然大呼，各执一旗去。于是远近帖然，安堵如故。邑之某村为往来要津，有某姓聚匪徒百数，肆为淫掠。乡民苦之无敢拒，亦无敢言者。先生鸣之上官，卒歼渠散党，道为复通。

其处家则敦俭约，乐施与。亲表黄湛林先生少贫而好学，公饮食教诲之，后取进士云。

宋劭谷传

（出《宋氏谱》）

先生讳劭谷，字鲁诒，一字式甫，号芸皋。父万青，前已有传。先生少有夙慧，以童年入府庠。嘉庆六年副贡，旋举于乡。十六年成进士，朝考第一，授庶吉士散馆，官工部主事，就升员外郎、营缮司郎中。在工部称职，经费出入，丝毫不染。同事或以赃败，先生所司无苟，以此邀上特知。

道光六年充会试同考官，九年授江南道御史，充武闱监试官，十年巡视西城，转山西河南道。明年京察一等，充顺天乡试同考官。竣事，又充顺天武闱监试官。十二年掌京畿道，在御史任，前后陈奏三十八疏，皆切于国计民生。屡蒙嘉纳于本省，则有《请禁科场滥派积弊疏》，有《黔民树艺有妨稼穑请行查禁疏》，有《请禁地方官借税苛扰疏》，有《请禁贩人疏》，今乡达前辈咸称道之。其年八月出知归德府，到任，年岁大饥，捐廉劝赈，多所存活。十三年调开封，升甘凉道。数平反大狱，以丁内艰去职。服阕，授兰州道，时道光十八年也。先生履任，开王公桥新路，定兰山书院章程，整饬茶商积弊。

二十年升两广盐运使，时两广盐务亏弊与淮芦等。先生至，思振之，巨商苞苴悉屏斥不顾，而加意厘剔。未几，英吉利夷沿海为寇，财用告匮，乃日夜勾稽调度以供军兴。香港议和，力争之当事不得。参赞杨芳至广州，又日劝之战，芳亦弗能用，因录明末《进剿红夷报捷献俘二疏》风示当事。卒以忧愤积劳成疾。俄而，上命为江苏按察使，因自愤未能讨英夷有负圣恩，疾转剧，惟两手相摩曰："炼宝剑杀鬼子。"大呼数声而卒。

又于省垣尚节堂、及幼堂、本郡文庙皆捐廉修理。乡人之蒙其惠者甚众，子协彝为郡知名士。

上贺中丞禁止毒鱼启

宋劭谷

黔省士民，自大人莅治以来，激浊扬清，蒸然向善，颂德同声。弟忆及贵阳、安顺、镇远所属乡民，多有毒鱼之事。积习相沿，群趋若鹜。缘黔中多产茶树，民将子榨油，即以渣饼投置水中，鱼无大小，靡有孑遗，到处皆然。而安顺所属九溪一带系弟桑梓，此习为尤甚焉。

夫鱼为丰年兆，故古人网用四寸之目，鱼不满尺，市不得鬻。似此一毒无余，较之绝流而渔，更形残酷。童稚效之，竟为残忍，实人心风俗之害。恳祈大人转饬各地方官，凡有河道毒鱼之处，出示严行禁止。物留有余，而人归于厚，似亦仁民爱物中之一端也。

刍荛之见，冒昧渎陈，伏希垂谅。

宋劭谷死粤东记

福济

客有问于予曰："自来征讨四夷，皆有精忠苦节，光日月，壮山河，而粤役胡泯泯无闻也？"

予曰："有。子特未之思耳！"

客曰："此一役也，予适在粤，见未尝与逆夷一战也，尽忠节者谁欤？"

予曰："子以为必陷阵冲坚、捐生报国，如先轸、栾铖而后为忠乎？子以为必时穷势尽、被执不屈，如常山、睢阳而后为节乎？世固有遭际艰虞、事权不属、愤国失体、苦志未伸而逝者，其精诚尤堪动天地、质鬼神也！子亦曾见之否？"

客曰："如子所云，吾于都转宋公见之矣。公初至粤，即誓灭英夷。闻议和，辄深斥，会当局者皆隐忍图存，公益忧国体失，国财匮，愤不欲生，至垂危犹呼杀贼。呜呼！古有社稷臣，至如公者近之矣。”

余曰：“然。然而人犹有谓其愚迂畏怯者，何也？”

客喟然曰：“是瞽指星，聋评乐也。当时夷情自当以战为正，议和者纷纷，欲战者仅一二人，又何怪以为愚迂乎？且令公即愚迂，以视不顾国体，自号通方者，不犹愈乎？况当奉命南迁之时，正逆夷退船之际，虽畏怯者处此，亦可稍释矣。而谓公犹情急自尽于此时，然耶？否耶？”

余曰：“是固不待辩说而明矣！子何以犹谓无精忠苦节也？”

客曰：“吾之所疑者，以公职司盐策，皇上未尝命以军旅之事，成败俱无与于己，和战自可听诸人，胡为自苦乃尔乎？”

余曰：“吁！是何言欤？我朝以精兵百万，剿洋匪小丑数千，即使一鼓成擒，片帆不返，似犹未足以彰天讨而扬国威，而可议和乎？凡在士民，莫不痛心疾首，抱恨含羞，而谓公之愤为能已乎？自古皆有死，民无信不立，吾愿与子详思之。”

客愤然而退。余因记之，以质诸主，特风教之仁人君子。

先生，济辛卯房师也，训济最久，爱济亦最深。先生雅不爱时文，尝示济曰：“文章特进身之阶，未足为轻重。读圣贤书，须勉尽忠孝节义，乃可贵耳。”又曰：“居官须养定浩然之气，遇事乃不为所挠。”济谨志之，不敢忘。今得幸免官谤者，皆先生教也。先生立朝气节，外任勋猷，显而易见。惟粤东一役，众主和而先生主战，其见极卓，守极正，心极苦，卒不能伸其志而逝。济敬为表白之，不知稍有当于先生心焉否也？

龚胡氏节传

宋劭谷

古之贤人君子，欲有所叙论于其人，必其人实足以为世劝，而克以垂之永久而无疑者。共浅之或一行一事，亦有合于奇人杰士之所为；其深之则忠孝节义纯乎其纯，必实有关于纲纪彝常之重，而足以培夫性情风化之原。因为察之于遐迩亲疏之际而略无异词，然后为之综其生平，取其大节，以其尤可传于不朽者，从而表之。于以形诸歌咏，务使后之君子或闻而感叹之，或闻而慕效之。盖言之者于是无誉词，当之者于是无愧色，使天下万世之见之而闻之者，实足以奉为则效而传为美谈。此固非可以苟焉，而妄为赞颂也。

谷尝遍观古仁人志士之所行，而见有深标瑰迹，可以使夫顽廉懦立者未尝不流连感慕。往往求之近人不可得，矧以闺阁之中而欲期其有如此者，不尤戛戛乎其难之哉？乃以今所闻于龚年伯母胡孺人者，实深有可述焉。

孺人氏胡，为肇修太先生女。太先生以理学名于世，登贤书，不获逮于仕，而吾邦之称秀良成阀阅者实大半出于其门。孺人幼遵德教，而赋性尤极淑慎。故生平懿行不可胜述，而自少尤以孝闻。初太先生疾，孺人即割股以进。及长适龚年伯士美先生，奉孀姑孝益笃。后姑病，孺人又割股进。惜年伯早逝，孺人复割股不能救。盖生平之如是者三。嗟乎！自非忠孝性成，纯乎其纯，亦焉有不畏艰苦，至于再三而不容自己有如是哉！

年伯卒，遗其嗣君寿楠、寿椿，两兄俱幼，年伯并指以付孺人。孺人泫然曰："君以付之我，我以付之天。"嗟乎！此古来忠臣义士之言，回天立命之意，而孺人卒能践之而不食，是固千古仁人所共闻之而心恻者也。盖当是时，孺人惟茕茕一身，孑然自守，每纺绩之下，手自丸熊，其辛苦殆莫可名状。盖人之抚孤多处其常，而孺人之抚孤，特逢其变。其常者，可得而言；其变者，不可得而言也。诗之于《南陔》也，则缺之；仁人之心，亦何必尽传哉！亦惟以质诸天地鬼神之灵已矣。

后，寿楠兄，字素愚，以弱冠膺乡荐，因念母孤处，不忍远赴礼闱，而儒人亦实有不堪其远出者，故至今尚就养于家。盖其性之诚笃，亦禀于孺人，其意念殆有深焉者矣。其二兄赋性高旷，不欲以浮名自绊，然于家道亦已大能成立，实无负于孺人志。侧闻节义之后，其嗣必昌，谷为观于素愚兄弟之间，而窃叹夫天之所以报孺人者，亦何尝或爽其衡也耶？观于天之所以报孺人者，而孺人之格乎天者，又何待于言耶？

孺人有一女，适魏君芷航。魏君病，亦割股以进。盖其性之禀于孺人，而兼体其教者深矣。其族间伯叔姑嫜，有孺人分所宜养者，皆迎养于家，执子妇礼，至老不懈。于子女有无父母可依者，孺人皆收而抚之，躬亲教养，盖赖其婚嫁而成立者，殆几于不可胜数矣。至于邻里亲戚有颠连困苦，孺人一见，即必为推解，虽自至于饥寒不惜也。

谷距孺人居仅百里，其平日之耳其风者既久。既与素愚兄交，其知之尤悉，然未敢实信其无闲言也。去年春自京师奉命旋里，诣沙洋，获晤孺人之胞弟胡树人司马，因询及素愚胡不北上事，司马一一为谷言，故谷知之特详。秋抵里，适值儒人七十寿，同里亲族为之庆，争欲表其懿行，啧啧一如司马说。谷于是乃确然知夫孺人之贤有如此，而素愚兄弟之所以能如是者，其栽培为有自也。然则天之寿孺人，亦岂可量哉！谷素知素愚兄有远志，其迟不及请旌者，意固不欲自明，亦以待将来之显扬有时也。

谷何敢私论？然潜德难知，质言非饰，谷幸已获知之。故姑略记其实，以为异日表彰之一证。谅素愚兄弟与同庆诸君子，当不以谷言为谬也矣。

《续修安顺府志稿辑》

老青山　一名天龙山，在城东五十里九溪河畔。三峰耸峙，四时苍翠。左峰下有乌龙洞，洞内潭水终古不涸。洞口右方石壁高四五尺，上有云龙，形如刻石。洞上有亭盘崛，而上古松、老杉，大者数十围，槎枒婆娑，皆数百年物。中峰有古寺，寺后天米峰，出自然米，形肖食米，色稍黑。凡游山者，岩下土中寻无不获，而竟终古不绝。再上有石，曰“活动岩”，中峰顶也。旧志载“此石偶拨则动，用力推之则屹然不稍移”，皆袭土人之传说如此。至此则俯视群山，皆成培塿矣。右峰有石方丈，深广可五六尺。中一石如屏，相传为门山和尚所居，盖岩穴也。山顶有神仙桥，又名天生桥，两岩相对，上架长石如桥。又有双眼井，可供寺僧汤沐。其麓有池二，左清右浊。明镇远侯顾成墓在焉。

普德寺　在老青山上。明洪武初僧古源建，雍正间僧微可增修。老青山即龙山，山在县城东五十里九溪河岸左，为老邦、浪塘等寨之主峰。其山三峰耸立，形如笔架。四时苍翠，山顶时有云气。山右有明镇远侯顾成之墓，墓之后山有石塔九级，清光绪时造。山之阳有小平原，山麓有石级可以沿登。半山有洞，曰乌龙洞，深甚，有潭水终年不涸。洞口右方有岩，去地三尺许平裂一缝，上下相去可五六寸。石平，方可四尺许，上有云龙，形如刻石，然空仅数寸，人工不能凿，亦一奇也。

前有庙址，墙基犹存。再上数百级有平坝，普德寺在焉。寺五楹，中供佛像，前有两厢地址，外有小门，石墙环之。左有井，可供僧用。庙后岩脚土中有天然米，随处可获，形状神似糙米。凡游山者，寻无不得，而竟终古不竭，亦一奇也。

由庙后再上，有石曰活动岩，岩大如三间屋。尽力推之不动，摇以一指则动。又有石方丈，乃一小岩洞，深广可五六尺。中一石如屏，相传为开山和尚初入山时所居。至山顶有神仙桥，峰顶两岩，相去数尺，上架一长方石如桥然。至此，俯视群山，皆如丘陇；远望四面，可见数百里外，亦境内名山也。

同治二年二月十四日，贼首许大八由安平至乐平，四乡失陷之堡、洞指不胜曲。如石坝上与高寨守宋家洞，洞破时死亡过半。九溪朱姓合族守狗扒岩堡，堡破时数千户死亡几尽。

九溪之失守　九溪迭遭兵燹，如贺大王、曾三浪、岩大五、陈小五等匪，此往彼来，大肆掳掠。民不堪命，遂谋修堡以保身家。老青山傍有名狗扒岩一处，形势嵯峨，山路奇险，攀藤附葛，始能登上。于是修墙建屋，合寨人簇聚于其间。不能容者，尚有少数人家另谋居处。以为天险之地，可保无虞。殊知我能往，寇亦能往。本地土匪才退，则有下游苗匪蜂拥而来，围攻数月，昼夜不停。堡中人亦以死力相守，始终不倦。不意大劫难逃，援兵不至，同治三年三月，堡内粮绝矢尽，竟被苗匪猿升而上，鸡犬不留。从前千数百户之九溪，乱后归还者仅数十家而已。

义仓　城外之九溪坝、旧州场、红土、罗者塘、蜡寨、青山寨、莲花、蒋义寨、宁谷枝、玳瑁山共计十寨，俱建有义仓，其谷石数目均系历年报府，文卷存署内。

编后记

六百年含辛茹苦惜别江南入徙贵州传华夏文明；

十大姓跋山涉水魂归九溪生息安顺铸屯堡精神。

这是2002年农历正月十二日两千余九溪村民在安顺市区向市民大拜年活动宣传单上的对联，精炼概括了九溪村的开村历史和厚重的人文底蕴，凸显“屯堡第一村寨”的村落形象。而宋修文老人，在他生命的最后十余年，则用翔实的笔墨书写了九溪的历史渊源、社会生活和多种文化事象，几易其作成就了手稿的《九溪村志》。今天，以其文稿第七稿为底本，在多方的努力协作下，《〈九溪村志〉整理本》终于出版了，这是一件值得庆贺的喜事，也是一件期待已久并圆满收官的好事！缘于安顺学院（原安顺师专）及本课题组部分老师多年来与九溪村的深度互动、与宋修文老人的交流交往，我们深知这本书出版的几经不易和本身承载的价值意义！

2001年，安顺学院承担“中国百村经济社会调查·九溪村”课题研究，不少老师因此与九溪结下了深厚的情谊。这是由著名社会学家、中国社会学会会长、中国社会科学院社会学研究所所长陆学艺先生担任组长的国家社科基金重点项目“中国百村经济社会调查”的分课题，计划在全国选择100个左右的村落展开调查研究，调查一村，撰写一书，旨在加深对中国国情的认识，如今已完成近40个。除最初的河北行仁庄村是试点调查村落之外，九溪村是正式调查的第一个村落。

在孙兆霞老师的带领下，经过课题组全体师生的努力，于2005年完成了由社会科学文献出版社出版的《屯堡乡民社会》一书，在学术界产生了较大的影响。该书不仅对九溪村进行了比较全面、系统、扎实的田野调查，而且在知识生产上提出了与费孝通先生“乡土社会”有着诸多不同的另类乡村社会类型及建构方式，将其命名为“乡民社会”，同时提出“乡村重建的内源性资源”的重要命题，并提炼“乡村自组织机制”的原理与“亚稳定结构”的概念。

“中国百村经济社会调查·九溪村”课题组之所以能很好地完成研究任务，除了课题组成员的共同努力之外，还有外部诸多方面和个人的支持，其中九溪村对课题组的接纳、包容与情感，是课题得以完成的最重要条件。回想当初情景，至今仍历历在目！

2001年7月21日下午3时许，原安顺师专蓝色云马大客车将课题组36名师生调查员送到九溪，村里举行了声势浩大的入村仪式，在大堡旁的村口两边站立着众多村民夹道欢迎我们的调查员，至今仍记得手拄拐杖的宋修文老人就站立在其中。鞭炮声、锣鼓声、腰鼓声，声声入耳；地戏队、花灯队、山歌队，队队热情。在村中广场，九溪村老年协会和村支两委的负责人发表了热情洋溢的讲话，并要求村民要积极配合课题组的调查，保证顺利完成调查任务。“入户”做社会调查在其他村寨可能是个大问题，但九溪村截然没有这样的情形。九溪村老年协会派出18名老人协助调查员入户，老人们分为三组，每天早上、下午都分别将调查员领进大堡、小堡、后街三个片区的村民家，并交代主人要如实回答和配合工作，然后才退出。村民对调查员极为客气，积极支持调查员的工作，可以说没有老年协会的老人们和村民们的支持，对一个近千户的村落进行全数访问问卷调查将是很难的事情。半个月的问卷调查结束时，我们做了780余份问卷。2002年春节期间，又补充了60多份问卷，最后获得826份有效问卷。此后，课题组又经过数年的调查获取通婚圈、外出打工圈、社会交往圈等10余种专题类型的统计数据；整理130余份个案访谈材料，收集村志、家谱、村干部工作笔记、群众生活账本、村落大型民俗活动纪实等大量文献资料；拍摄照片1000余张，制作录像带8盒。在以上调查基础上，采用SPSS系统，做出问卷统计分析基础研究成果20余万字；做出专题个案整理分析等基础研究成果30余万字。

对于课题组的工作，从资料的收集到生活的安排，无一不是九溪人默契配合的结果，使我们得以高质量地完成研究任务。在4年多的时间里，我们结识了村里诸多热情友善的村民和乡贤，其中就有宋修文老人。九溪，使我们深切地感受到中国农民的朴实、宽厚、善良和企求发展的热望，更加体会到作为社会科学工作者的责任。

宋修文老人给我们很深的印象。当初的“选点”摸底调查，课题组的范增如、罗布农、吕燕平老师及原安顺师专化学系主任、九溪村人牟世林老师就考察了安顺几个较为典型的屯堡村寨，并利用 2001 年春节期间屯堡民俗活动多的特点，对九溪进行民俗和社会历史调查，其中就拜访了宋修文老人，听取他对九溪村的介绍。最后通过比较，确定九溪村为百村调查的个案点。

在九溪的调查中，课题组的师生经常到宋修文老人家去做问卷调查、深度访谈和咨询、闲聊，得到老人的大力支持和热情接待，每次必将他准备好的九溪特产枣子糖、窝丝糖、葵花杆糖端出来给大家品尝，并一一回答相关问题，还拿出他每天的生活记录本和收集的资料供大家阅读参考。在扎根九溪的岁月中，我们知道他拖着致残之躯，历经十数年访问村中老人和诸多事件的经历者，收集到大量的资料，在方格纸上一字一句地手写、修改、完善和誊抄，完成了八稿的手抄稿《九溪村志》，其精神让人感佩！可以说，课题组基于比较全面、系统和深入的调查资料，加深对九溪村社会结构、社会变迁和村落特点的认识，深化对屯堡文化的理解，其中也得益于这份重要的乡土文献。

据我们的了解，《屯堡乡民社会》一书出版后引起了很大的反响，一批批的学者、硕士生和博士生以及知名媒体从业人员到九溪村，或开展课题研究，或撰写毕业论文，或拍摄纪录片，涌现出了很多成果，展现了村落形象，扩大了九溪的影响力。有学者甚至说，“在中国的范围内，九溪村可以算是为数不多的学术名村”。在到访九溪的人员中，为有效开展相关工作，除了阅读《屯堡乡民社会》之外，到宋修文先生处登门请教，借阅复印《九溪村志》书稿亦是要做的基本功课。当然，比较遗憾的是，由于书稿一直没有出版，研究者们在自己的文著上引用《九溪村志》时，往往只以“手稿”“未刊”等字样注释说明。

宋修文老人在世时，不厌其烦地修改、增删和完善文稿直至第八稿，其愿望是希望《九溪村志》早日得以问世，但出版费用对于他来说就是一个问题。后来有学者称可为他出版该书提供帮助，带走《九溪村志》第八稿的手稿，此后就未见消息。所幸，安顺学院屯堡文化研究中心藏有《九溪村志》第七稿，这是老人生前交给中心人员使用和保管的，是最接近第八稿的善本，可谓弥足珍贵。

安顺城乡有一个很好的传统，这就是书写自觉。近几年来《文化安顺》微信公众平台的诸位同仁为了整理地方文史资料用力尤勤，他们做了很多富有意义的工作，得到区域内外安顺人的点赞和域外人士的好评！由于《九溪村志》是出自一人之手的作品，书稿中难免有些错讹，有些不容易理解的地方，因此《文化安顺》的诸位同仁在前些年就有整理书稿的想法和行动。他们在文字录入、编辑整理、对照文本进行实地考察等方面做了大量的前期工作。“人有善愿，天必从之”，恰逢贵州省高校人文社会科学研究基地——安顺学院贵州省高校乡村振兴研究中心鼓励教师申报科研项目，在《文化安顺》诸位同道的鼓励和支持下，由本人担任课题负责人，以安顺学院教师吕燕平、张立新等再加《文化安顺》编辑部的诸君，共同组建课题组，申报“《九溪村志》整理”的课题，得到批准立项，并报校长办公会批准予以全额资助出版。从宋修文老人到《文化安顺》诸君，安顺人的书写自觉与书写自觉的安顺人，我想这都是要给予点赞的！

为完成《九溪村志》的整理工作，课题组遵照原书稿的结构，前后数月多次实地考察九溪村，对照文本内容，核实、增补相关内容；对文稿中的方言、人名、地名、事件等进行注释，并考订文稿的有误之处。原书稿（第七稿）共分为十三章，整理工作由十二人通力完成，按工作量考虑具体分工为：第一组，卷首（序、概述、凡例等）、1—4 章，由柴其斌、洪惊涛负责。第二组，5—6 章，由李择红、宋兴平负责。第三组，7—8 章，由吕燕平、朱发猛负责。第四组，9、12、13 章，由胡一平、张定贵负责。第五组，10—11 章，由张厚林、陈文杰负责。柴其斌负责全书通校。在本书出版之际，宋兴平、张立新、张厚林、陈文杰等花费了大量的时间和精力，认真做好三校的工作。

通过《九溪村志》的整理，我们深知要做成一桩事情，如果没有诸多方面的关心和投入，没有对这片土地爱得深沉的情怀和付出，是难以实现的。因此，在此要对以下单位及人员表示真诚的谢意！

首先，多谢安顺学院历届领导和现任领导对屯堡文化研究、乡村振兴研究的重视。在2005年的屯堡文化研讨会上，安顺学院开展的“中国百村经济社会调查·九溪村”课题研究成果，以及所形成的“校村挂钩”模式受到了钱理群先生高度评价，如今又在全国高校中较早成立乡村振兴研究中心，参与乡村振兴的实践与研究，学校层面为此形成一套组合拳：向党委政府部门提供咨政报告，奖励发表有深度、有影响的学术论文，出版乡村振兴研究“系列丛书”，出台政策鼓励和支持开展国内外的学术交流。这些举措是二十年前“校村挂钩”模式的升级版，是一种与时偕行的总谋划和新构建。本书有幸列入“系列丛书”之一，校长办公会批准全额资助出版，这是学校领导对屯堡文化研究和乡村文化振兴研究的有力支持。盛世修书，乃贤德盛举，相信安顺学院资助出版《〈九溪村志〉整理本》的盛举必将产生很好的社会效应。

其次，诚谢安顺学院科研处和贵州省高校乡村振兴研究中心的领导石恪、孟凡松及吕善长、从春蕾、左曼等老师积极为本书出版所做的工作。屯堡文化研究是安顺学院多年来的科研重点和科研特色，也是乡村振兴研究的重要构成部分，本书二者兼有，感谢大家的认可和付出。

第三，敬谢文化学者杜应国老师的关心和指导。杜老师多次到过九溪参加活动，与九溪村亦有深厚情缘。《〈九溪村志〉整理本》从头至尾都得到杜老师的关心和指导，并欣然撰写有温度、有深度的序，对村志的整理给予肯定。

第四，众谢课题组所有成员的努力和辛劳。大家不计名利地为一位老人的遗作出谋划策，不辞辛劳地录入、考释和整理，没有大家的有效合作和甘愿付出，也就没有这份屯堡乡土文献付诸出版。

最后，谨谢湘潭大学出版社的全体员工。本书从报送选题、签订合同、审读文稿、编辑排版、校对文字和正式出版，湘潭大学出版社都为此付出了大量的时间和精力。

“九溪镇[①]，自古文明村，仁里多贤，美名远近闻！”在《〈九溪村志〉整理本》出版之际，我们以民国时期九溪小学校歌首句为结语，愿“仁里多贤”的美誉成为一代代村民的精神标识，更多的乡人去传承文化、记忆历史、接续传统，使自古文明村的九溪更加美名远近闻！

张定贵

2023年4月于安顺娄湖畔

① 词曲系1935年九溪人黄映龙为九溪小学作，作者毕业于民国时期北京朝阳大学。歌词中“九溪镇”，一是说明九溪比较大，在清代道光年间就有“九溪是座城，只比安平（指今平坝县城）少三人”之说，历史底蕴和村落格局有“古镇”之气势；二是1935年前九溪为青山乡治所，1942年后为尚武乡治所，是周边十数个村寨的中心。

图书在版编目（CIP）数据

《九溪村志》整理本 / 宋修文编纂 ； 《〈九溪村志〉
整理本》课题组整理． -- 湘潭 ： 湘潭大学出版社，
2024. 9. -- ISBN 978-7-5687-1618-5
Ⅰ． K297.35
中国国家版本馆 CIP 数据核字第 2024E9F254 号

《九溪村志》整理本

《JIUXI CUNZHI》ZHENGLI BEN

宋修文　编纂

《< 九溪村志 > 整理本》课题组　整理

责任编辑： 丁立松
封面设计： 张丽莉
出版发行： 湘潭大学出版社
社　　址： 湖南省湘潭大学工程训练大楼
电　　话： 0731-58298960　0731-58298966（传真）
邮　　编： 411105
网　　址： http://press.xtu.edu.cn/
印　　刷： 长沙印通印刷有限公司
经　　销： 湖南省新华书店
开　　本： 710 mm×1000 mm　1/16
印　　张： 14.25
字　　数： 240 千字
版　　次： 2024 年 9 月第 1 版
印　　次： 2024 年 9 月第 1 次印刷
书　　号： ISBN 978-7-5687-1618-5
定　　价： 98.00 元